コーヒーショップをつくる

人気コーヒーショップの開業物語と
バリスタ19人の抽出ノウハウ

渡部和泉
Izumi Watanabe

旭屋出版

コーヒーショップをつくる
CONTENTS

01 **27 COFFEE ROASTERS** 神奈川県藤沢市 006
創業21年。チャレンジ精神で業界を牽引

02 **蕪木** 東京都台東区 010
コーヒー＆カカオロースターの、心を静めるペアリング

03 **AMAMERIA COFFEE ROASTER** 東京都目黒区 014
データと五感の両輪でロースト

04 **PASSAGE COFFEE** 東京都港区 018
チャンピオンが淹れる、浅煎りコーヒー

05 **Café Sucré** 東京都墨田区 022
女性の視点で新しい客層を開拓

06 **WOODBERRY COFFEE ROASTERS** 東京都世田谷区 026
目指すはミシュラン。イノベーティブなロースタリーカフェ

07 **FINETIME COFFEE ROASTERS** 東京都世田谷区 030
ＭＢＡホルダーがつくる、数値に基づいたコーヒー

08 **CoffeeWrights** 東京都世田谷区 034
魚屋みたいに、その日の「いい豆」が並ぶ店

09 **ARiSE COFFEE ENTANGLE** 東京都江東区 038
「コーヒーの街」のシンボルショップ

10 **三角屋根 パンとコーヒー** 神奈川県葉山町 042
夫婦でつくる、海の隣のカフェベーカリー

11 **UNLIMITED COFFEE BAR TOKYO** 東京都墨田区 046
コーヒー業界の発展に尽力する、バリスタ夫妻

12 **FRESCO COFFEE ROASTERS** 東京都杉並区 050
気取らない、日常のコーヒーを提案

13 **PHILOCOFFEA Roastery and Laboratory** 千葉県船橋市 054
最短ルートで頂点に立った、ワールドチャンピオン

14 **LIMENAS COFFEE** 埼玉県所沢市 058
フレーバリストがつくる、ＤＮＡに響くコーヒー

15 **Dear All** 東京都渋谷区 062
同級生とはじめた、毎日に寄り添うカフェ

Coffee!

人気のコーヒーショップ 19 店のオーナーに
店をはじめるきっかけや、店造りのノウハウを伺いました。
ある人は長年の修行を重ねてじっくりと
ある人は未経験から軽やかに
またある人は第 2 の人生として開業しました。

店のメインメニューも
浅煎り豆、ネルドリップ、エスプレッソとそれぞれ。
だけど全員が「コーヒーとともに生きる」という覚悟を決め
1 杯のために心血を注いでいます。

今、日本におけるカフェシーンは大きく変わってきています。
これまでのセオリーが覆され
新しいコーヒーが、新しい常識が、日々生まれています。
その中で、自分にしか作れない「ベスト」なコーヒーをつくり
支持され続けるには、たゆまぬ努力が必要。

お客さまを喜ばせたい、バリスタの地位を底上げしたい
世界を少しでもよくしたい。
自分のためというよりも、誰かのため、を
原動力にしている方が多いのが印象的でした。

本書の後半では、さまざまな抽出器具を使った
ドリップ方法をご紹介しています。
レシピはもちろん詳しいプロセス付きなので
ぜひご覧ください。ご自宅で本格コーヒーが楽しめます。

この１冊でより深く
コーヒーの世界を味わっていただけたらうれしいです。

Life wit

創業21年。チャレンジ精神で業界を牽引

神奈川県藤沢市

27 COFFEE ROASTERS

トゥウェンティーセブン コーヒー ロースターズ

オーナー
葛《か》西《さい》 甲《こ》乙《おつ》さん

黒い建物は豆販売店『27コーヒーロースターズ』、隣の白い建物は2年前に増設した、焙煎所兼カフェ『コーナー27』。内装やコーヒー器具もそれぞれ黒と白で揃えてあり、雰囲気も含めお客は両店舗の行き来を楽しんでいる。

　スタイリッシュな見た目から新しい店と思われがちだが、実は創業21年の老舗コーヒー専門店。オーナーの葛西甲乙さんは早くからスペシャルティコーヒーに着目し、カップオブエクセレンス国際品評会の審査員を務めるなど、湘南エリアのコーヒー業界を牽引する人物だ。

「オープン時から比べると、店の業態も、日本のコーヒーを取り巻く環境も大きく変わりました」と振り返る。

　葛西さんがコーヒーの道に進んだのは、確固たる意思があった訳ではない。会社員だった頃「出資するから何か起業してみないか」と親に言われ、なんとなく選んだのがコーヒー店だった。

「とりあえず焙煎機と参考書籍を購入し、自己流で自家焙煎の喫茶店をはじめたのですが、うまくいかなくて。売上がゼロの日もあり、辛くて辞めようと思ったこともありました」。

　料理やドリンクメニューを増やすなど試行錯誤を繰り返したが、抜本的な解決にはならない。この先どうすればよいのか悩む中、何気なく参加した『日本スペシャルティコーヒー協会』主宰のセミナーで飲んだ一杯に、衝撃を受ける。

　プロが淹れたスペシャルティコーヒーは、今まで飲んでいたものと全く風味が違ったのだ。

　これしかないと確信した葛西さんは、カッピングセミナーなどにできる限り参加し、必死で知識と技術を吸収した。同時に店舗はコーヒー以外のメニューを削り、スペシャルティコーヒーのみを扱う専門店に変えていった。「前の方がよかった」と離れてしまった常連客もいた。そのジレンマに苦しみながらも、ひたすら闇の中で見つけた光を追い求めた。

　そしてオープンから15年経った2012年、

2店舗目を考えていた時に、たまたま隣の物件が空き、出店を決意。スタッフの往来に無駄がなく、スペースが広がることでお客の満足度もあがり、売上は増加した。

焙煎機はアメリカ製のローリングスマートロースター35kgタイプを使用。爽やかな酸の特徴や透明感、甘さを引き出せる。

黒い建物『27 COFFEE ROASTERS』の店内。海外を含め多くの店を視察し、心に残ったエッセンスを取りいれ、葛西さん自身がイメージをつくったインテリア。手前が豆の販売エリアで、奥はピッキングや袋詰めなどの作業エリア。

店内では各種コーヒーグッズやオリジナル商品の販売をしている。写真は体験したコーヒーやチョコレートの記録を記載する、ユニークなノート。

menu

豆は常時19種類前後を揃え、シングルオリジンが6割、ブレンドが4割という構成。ブレンドには全て、ワンコンテナミッションの豆を使用する。

ラテ（180mlのSサイズ）370円。280mlのLサイズは、470円。エスプレッソの豆は、2種類から選べる。

販売するコーヒーは、生豆、焙煎豆、粉、試飲用のドリップと、4種の状態を用意。試飲用のドリップは、毎朝1時間かけて抽出する。

木造のレトロな店舗を、時代に流されないシンプルな店舗にリニューアルした。それは一生ここでコーヒーをやっていく、という意思表明でもあった。

国際品評会の審査員として何度も生産地を訪れるようになり、豆の販売量も安定してきた頃から、ずっと考えてきたことがある。高品質な豆をつくる生産者に対し、感謝と尊敬の気持ちを本気で示したい、ということ。それが、ひとつの国からスペシャルティコーヒー限定でワンコンテナ分直接買い付ける「ワンコンテナミッション」だ。

ワンコンテナは、焙煎豆にすると約15トン。街角の小さなカフェが取り扱う量としてはかなり大きく、在庫を抱えるリスクがある。周囲からは心配されたが、昨年はじめて実行に移した。

「数ある産地の中で選んだのは、ホンデュラスの農園。10年前から、彼らが家族や仲間とともに人生をかけてコーヒーに向き合う姿を見てきました。たくさん買うことで私の気持ちがしっかり伝わり、強固な信頼関係を築けたので、今後も安定して仕入れることができそうです」。

「ワンコンテナミッション」はまだチャレンジの途中だが、全てのブレンドに使用したり、生産者を呼んでお客との交流会を開いたりといった努力が実り、経過は順調。

「何気なく飲んでいたコーヒーをはじめた身近に感じた」、「ここでしか飲めないおいしさに感動した」と、お客の意識も変わりつつある。

生産者から飲み手まで、コーヒーに携わる全ての人の暮らしに思いを馳せ、皆が幸せであるために全力で取り組む葛西さん。その熱いコーヒーソウルは、いまや周囲の目指す光となって輝いている。

現在スタッフは9名。長く勤務する人が多い。いつかスタッフを全員産地に連れて行きたい、という夢もある。

白い建物『CORNER27』の店内。「キッチンアトリエ」をコンセプトにつくった場所で、イベントやワークショップなどを行う。

27 COFFEE ROASTERS

神奈川県藤沢市辻堂元町5-2-24
辻堂駅から徒歩15分

坪数：30坪（27 COFFEE ROASTERS）
15坪（CORNER27）
席数：店内外含め10席（CORNER27）
施工：needs
開業：1997年6月

27coffee.jp

価格はすべて税込み

コーヒー&カカオロースターの、心を静めるペアリング

東京都台東区

蕪　木

かぶき

オーナー
蕪木《かぶき》 祐介《ゆうすけ》さん

店の目印は、ごく小さな表札のみ。窓もなく、外からは何の店だか分からないし、様子も伺えない。ちょっとした緊張感と共に扉を開けると、ほの暗く天井が低い店内は、秘密の洞穴のように感じる。

店を彩る装飾品はテーブル上の小さな花瓶のみ。潔くシンプルなスペースは、オーナーである燕木祐介さんの「外と遮断された、心を静める場を作りたかった」という意向が反映されている。

メニューは自家焙煎のコーヒーとチョコレートがそれぞれ数種類ずつ。チョコレートはカカオ豆の焙煎から微粒化、練り上げまでを自らが一貫して手掛けるというから驚きだ。

どちらも熱帯地域で採れる植物の種子をローストしてつくる、嗜好品。リンクする部分の多い両者を極めることで、ここでしか味わえないペアリングがうみだされる。

燕木さんが最初に魅了されたのは、コーヒーだった。悩み多き学生時代、喫茶店で過ごす時間に救われたことをきっかけに、そのままアルバイトをはじめる。自分で焙煎機を購入し、この道に突き進もうと心に決めた。

それが社会勉強のつもりで受けた、菓子メーカーの研究部門に採用されたことから道が2つに増える。担当したチョコレートは知るほどにおもしろく、商品開発のほかセミナー講師を務めるほど、専門性を高めていった。

コーヒーへの情熱も冷めることはなく、会社以外の時間は全て焙煎に費やし、公私共に充実した生活を送っていたが、徐々に作り手としての限界を感じはじめる。

「いくら高品質なものを作っても、それに見合うパッケージや環境が伴わなければ、作り手の想いは届かないし、食べ手も豊かさを感じられない。最後まで自分が責任を持って届ける場をつくろうと決めました」。

それはかつて自分が喫茶店で飲むコーヒーに安堵し、助けられた原点へ戻ることでもあった。

イスに座ったお客と、カウンター内に立つ自分との目線が理想の高さになるよう、客席の床を底上げした。飴色の床材は、長い時間使われてきた古い床材を使用。

入口脇に並ぶ、テイクアウト用のコーヒー豆とチョコレート。普段はなるべく音を出さないようにしているが、緊張しているお客がいる時はあえて声のボリュームを上げたり、道具の使用音を出したりして、「リラックスしてください」というメッセージを送る。

看板も小さく、中の様子が伺えないため、初めて入る時は少しばかり勇気が必要。

テーブル席は2つ。店内は壁造りを含め、ほぼ全てをセルフリノベーションした。吹き抜けだった天井は、「低い方が落ち着くから」と板を貼った。

アイスコーヒー750円。抽出後シェーカーに移し、木樽に入った角氷の上でくるくると回して冷やすタイプ。

menu

自家焙煎コーヒーはブレンド3種とストレート1種。自家製チョコレートは4種。相性の良し悪しがあるので、お客が選んだドリンクに合うチョコレートをおすすめする。カップの深さや口の大きさによって飲んだときの風味がかわるからと、コーヒーは種類によってカップを変えている。

果香200円。木イチゴのように鮮やかな、単一豆のチョコレート。今後ブレンドチョコレートも作る予定。

本音では自然が豊かな地方ではじめたかったが、都心で忙しく暮らす人にこそ『心を静める場』が必要なのではと、東京を選んだ。

これまで培ってきた技術を全て注ぎ込んで作るコーヒーとチョコレートは、クオリティーに自信がある。謳ってはいないが、いわゆる「ビーントゥーバーチョコレート」と「スペシャルティコーヒー」だ。けれどそれらは店を造る一部分。カップや器、音楽、照明、流れる空気。全てをぴたっと揃えなければ、意味がない。

道具は両手を添えて持つ、水道は流水音に注意して出す、熱湯は湯気が流れないよう手をかざして捨てる。こうしたさりげない気配りはお客にも伝染し、ひとりで立ち働く蕪木さんの様子を見て会計のタイミングをずらしたり、新しく来たお客に席を譲ったりという光景が、言葉を交わすことなく自然と行われている。

「お客さまの優しさに触れたり、自分の時間を過ごされている姿を見ると、本当にうれしいですね。大袈裟《おおげさ》に言うと、誰かを救いたいと思ってはじめた店ですが、この店のおかげで生きる意義を感じられるようになりました」。

感情に寄り添うコーヒーと、緊張を緩めるチョコレート。日常と切り離された時間を求める人が、今日も小さな扉をそっと開ける。自分をリセットし、静かな気持ちを取り戻すために。

コーヒーの焙煎機。フジローヤルの5kg釜。

テイクアウト用のコーヒー豆とチョコレート。豆は100g〜購入可能。

装飾品は花瓶のみで、あとは業務に必要なものしか置かない。「飾り気のない店内ですが、ひとつひとつを丁寧にしたら、受け取ってくれる人がいるはずだと信じています」。

蕪木

東京都台東区鳥越1-15-7
蔵前駅から徒歩8分

坪数：15坪
席数：9席
設計・施工：セルフリノベーション
開業：2016年11月

kabukiyusuke.com

価格はすべて税込み

データと五感の両輪でロースト

東京都目黒区

AMAMERIA COFFEE ROASTER

アマメリア コーヒー ロースター

オーナー

石井《いしい》 利明《としあき》さん

扉を開けると、正面のカウンターには約15種類のスペシャルティコーヒーが、それぞれ生豆、焙煎豆、粉と3種の状態でずらりと並ぶ。香りを確認したり、スタッフの説明を聞いたりしながら、自分の好みを探すお客の様子は楽しげだ。

店の奥に鎮座するのは、アメリカ『ローリングスマート社』の15kg焙煎釜。バリスタ兼ロースターの石井利明さんが付きっきりで焙煎する豆は、フルーティーな風味が特徴だ。

ここ『アマメリアコーヒーロースター』は、武蔵小山駅前にあるコーヒーショップ『アマメリアエスプレッソ』の2号店。開業から6年半経ち、客数も豆の卸先も増えたため、焙煎と豆売りに特化した同店をオープンした。

国際的なコーヒー鑑定士の資格を持ち、コーヒーに関する各種大会の審査員や専門学校での講師を務めるなど、業界を牽引する存在でもある石井さん。コーヒーとの出会いは、幼少期にさかのぼる。

「実家が喫茶店を営んでいて、小学生の時からブラックでコーヒーを飲んでいました。大学卒業後はアパレルに勤務していたのですが、ある時、両親から競馬場内にオープンするコーヒー店の仕事を紹介されたんです」。

新しいことにチャレンジしたいと転職を決め、まずは豆の仕入先である大手コーヒー会社のトレーニングを受けてから、責任者兼バリスタとして店に入る。

もともと何事も深く掘り下げる性格ゆえ、毎日コーヒーの状態や気候などをノートに事細かに記録し、安定しておいしいコーヒーを出すにはどうしたらよいのか、研究を続けた。

その結果、納得できる一杯を淹れるには焙煎からやるべきと、4年目に焙煎機を導入。試行錯誤を繰り返し、徐々に理想に近づくにつれ、競馬のついでに立ち寄るのではなく、自分のコーヒーを飲みに来てもらえる店をつくりたいという気持ちが強まった。

そして2010年の夏に、妻とふたりで念

駅から徒歩15分の住宅街に立地。

枠にはまりたくないと自己流で焙煎をはじめたため、最初は豆を無駄にしてしまうこともあった。けれどその試行錯誤があったからこそ、深いところで理解することができたそう。

1号店は「夫婦経営の落ち着くコーヒー店」をイメージして妻がメインで店造りをしたが、2号店のこちらはファクトリー系の骨太な造りに。「最初に店を立ち上げてから、コーヒーを取り巻く状況もだいぶ変わりました。生豆の品質も向上したし、サードウェーブの影響でコーヒー屋がおしゃれな存在になり、こだわりのある飲み手が増えました」。

menu

コーノの名門ドリッパーでハンドドリップするコーヒーは、どの豆を選んでも一律390円。豆を購入したお客には、自宅でもおいしいコーヒーを再現できるよう、淹れ方や保存方法などを丁寧に記載したペーパーを渡している。

豆売りがメインのコーヒースタンドなので、コーヒー以外のドリンクはジュースが1種類のみ。デザートはテイクアウトできるようラッピングされた焼き菓子とチョコレートを用意する。

願の1号店をオープン。

コーヒーの多様性を伝えたいと生豆の仕入先をガラリと変え、スペシャルティコーヒーとシングルオリジンをメインにした。これまで積み重ねてきたものを全て出そうと意気込んだが、集客に苦戦した。

「暑い季節が終わればと思っていたのに、秋になっても冬になってもまだ閑散としている。このままでは店が潰れてしまうという不安から味覚も鈍り、カッピングの自信も失いかけました。妻が『おいしいよ、大丈夫』と励ましてくれたおかげで、なんとか続けられました」。

状況が変わったのは、翌年の春。専門誌に掲載されたのをきっかけに、焙煎豆の卸注文が入ったり、他のメディアでも取り上げられたりと注目されるようになった。

詳細な情報がわかる最新の焙煎機を導入し、専門機関の研究データにも敏感な石井さん。現代の科学が出す数字を重視する一方、人間の感覚も絶対に必要と、焙煎時は10秒ごとに豆の香りを確認し、微調整を続ける。

コーヒーの世界に入ってからつけはじめた15年分の研究ノートは、自宅に山積みになっている。それでも「続けるほどに分からないことが増えてくるから飽きないし、おもしろい。コーヒーの謎を一生をかけて解明したい」と、少年のように目を輝かせる。その探究心こそが、アマメリアのコーヒーを魅力的にしている一番の源なのだ。

ジャパンブリューワーズカップでの優勝経験がある、スタッフの上田さん。現在アマメリアは2店あわせて50名のスタッフがいる。「バリスタの地位をあげるためにも、スタッフの育成と彼らが満足して働ける環境づくりに力を入れたい」と石井さん。

ブレンド4種、シングルオリジン10種のスペシャルティーコーヒーを扱う。尖った酸味を出さずに最大限の香りを引き出せるよう、ローストは中煎りがメイン。

AMAMERIA COFFEE ROASTER

東京都目黒区碑文谷1-13-18
西小山駅から徒歩15分

坪数：14坪 | 設計・施工：足立工務店
開業：2017年1月
（武蔵小山の『アマメリアエスプレッソ』は2010年8月開業）

amameria.com

価格はすべて税込み

チャンピオンが淹れる、浅煎りコーヒー

東京都港区

PASSAGE COFFEE

パッセージ コーヒー

オーナー

佐々木《ささき》 修一《しゅういち》さん

東京タワーが目の前にそびえる、大通り沿いの路面店。通勤や通学、観光と、1日中人通りは途切れない。

「この辺りはコーヒーショップがあまりなく、オープン時にはお客さまから『ここに店を開いてくれてありがとう』と言ってもらえました。その時からずっと通ってくださる方も多いですね」。

そう語るのは、オーナーの佐々木修一さん。コーヒーの国際認定資格Qグレーダーを所持し、「ワールドエアロプレスチャンピオンシップ」で日本人として初の優勝を飾った実力者だ。

店に並ぶのは、スペシャルティコーヒーを浅めに自家焙煎した豆のみ。白壁が印象的な店内はシンプルで、豆や店の堅苦しい説明は、一切見受けられない。

その理由は、高品質なコーヒーと気張るのではなく、日常のドリンクとしてラフに飲んでほしい、という気持ちから。

「知ってほしい情報は、会話の中で伝えるようにしています。最初はコーヒーに詳しくなかった方が、徐々に器具や豆を購入してくれるとうれしいですね。今では『この豆をフレンチプレスで淹れて』といったオーダーをする常連さんも増えました」。同店の存在が、街のコーヒーカルチャーを少しずつ変えている。

佐々木さんがコーヒーを一生の仕事にすると決めたのは、大学時代に『スターバックスコーヒー』でアルバイトをはじめた初日のこと。

「研修でいろんな産地のコーヒーを飲んだのですが、どれも同じ色なのに風味が全く違う。それまでコーヒーは1種類しかないと思っていたから、すごい衝撃でした」。

それからは手当たり次第に関連書籍を読みあさり、専門店を巡ってはバリスタの手元を観察した。大学卒業後は大手コーヒーチェーン店に入社。店長職まで勤め、サービスとマネジメントを習得した後、退社してカフェの専門学校で技術や理論を学び直した。

「その後、憧れていたエスプレッソカフェ『ポールバセット』に入社したのですが、ここ

焙煎豆は常時6～8種のラインナップ。

元はカレー屋だった物件。お客は付近に勤める30代のビジネスマンが最も多く、半数以上が常連客。10杯分のポットコーヒー(2500円)、モーニングコーヒー(朝7時半～10時は1杯200円)といったサービスも充実。

現在スタッフは4名。お客に喜んでもらうには「人」も大事と、人材育成に力を入れている。「カッピングやミーティングを含め、スタッフ間のコミュニケーションを密にしています」。

座席はベンチタイプ。白と木材をメインに、ナチュラルな雰囲気を取りいれたインテリア。

menu

コーヒーとパン、焼き菓子という構成。ハンドドリップコーヒーはウェーブドリッパー、フレンチプレス、エアロプレスから選択できる。夏場はアフォガードなど、冷たいメニューが増える。

ラテ（180mlのSサイズ）370円。280mlのLサイズは、470円。エスプレッソの豆は、2種類から選べる。

パンは浅草の『マニュファクチュア』から仕入れる。

で意識がガラリと変わりました。参考書に書かれていることが全てではなく、何事も自分が手を動かしてやってみないと分からない。周囲のスタッフのコーヒーに対する熱量に圧倒されつつ、日々新しい知識が増えることにワクワクドキドキしていました」。

早朝からの勤務が終わっても店に残り、時間の許す限り自主練習と研究を続けた。身体は辛いが、もっとコーヒーのことを知りたい、少しでも技術を上げたい気持ちが勝った。その努力が実り、抽出と焙煎のトップを任されるようになる。

プレッシャーと戦いながらも充実した日々だったが、経験を積むにつれ、もっと自由に新しい味を創造したい、という気持ちがわいてきた。そしてその気持ちを抑えきれず、6年半勤めた『ポールバセット』を辞めて独立の道を選んだ。

2017年3月に『パッセージコーヒー』をオープン。パッセージとは、移動や道筋などを表す言葉。ひと粒の種は様々な場所を旅して、一杯のコーヒーとなる。その種が持つ本来の魅力を引き出すために、できる限りのことをしたい。おいしいコーヒーをひとりでも多くの人に届けたい。店名にはそんな想いが込められている。

味が透明であること。甘みがあること。豆の風味をしっかり感じられること。これらがうまく調和した1杯こそ、佐々木さんが目指すおいしさだ。

「現時点でそれが作れている自信があります。だけどレシピは固定させず常に更新しています。1年後に振り返ったとき、『あの時はまだできていなかった』と言える自分でありたいですね」。

佐々木さんもまだ、旅の途中。更なる高みを目指し、日々研究を続けている。

オリジナルマグカップは1400円〜。

同店をきっかけに浅煎り豆のおいしさに目覚めるお客も多い。

PASSAGE COFFEE

東京都港区芝5-14-16
田町駅から徒歩5分

坪数：9.5坪
席数：13席
設計・施工：株式会社モデレージ
開業：2017年3月

passagecoffee.com

価格はすべて税込み

女性の視点で
新しい客層を開拓

東京都墨田区

Café Sucré

カフェ シュクレ

オーナー
楡《にれ》井《い》 有《ゆう》子《こ》さん

「どん底だった私を救ってくれたコーヒーは、神様からのプレゼント」。そう語るのは、今年で14年目を迎える『カフェシュクレ』のオーナーであり、ロースターの榆井有子さん。

「20歳で東京から北海道へ嫁ぎ、2人の娘に恵まれました。子どもはかわいいし、生活に不自由はない。だけど同級生は皆仕事に遊びにと充実していて、慣れない土地でひとり取り残された気持ちになってしまいました」。

心にぽっかり開いた穴はどうしても埋まらず、実家に戻ることになった。シングルマザーとしてこれからどうしようかと鬱々としていた時、コーヒー豆販売店を営む知人から「2号店を経営しないか」と誘われる。未知の世界だったが、生活を変えるチャンスだと、引き受けた。

「最初は本店が焙煎したコーヒーを仕入れていましたが、ふと自分で手網焙煎をしてみたんです。生豆がだんだん色づき、香りが出る様子に、これはコーヒーが産まれる瞬間だ！なんて愛おしいのだろうって感動しました」。

その体験で一気にコーヒーに魅了され、手焙煎を繰り返した後、3kgの焙煎機を店舗に導入。自己流で焙煎をはじめた。

「今と違って、コーヒーの情報が表には出ていない時代。あんなに楽しかった焙煎が、調べるほど何が正解なのか分からず、苦しくなってきました」。

お金をいただくのだから、正しい焙煎豆を提供したい。その一心で浅煎りから深煎りまでいろんな焼き方をして、焙煎豆をかじりながら豆の味を舌に叩き込んだ。お客には丁寧なヒアリングをし、好みに合う豆を幅広く用意した。

「今日売るのは、今の私が焼ける最高のコーヒー。1年後はもっとおいしくなっているはず」。少しずつ前向きになるにつれ、常連客も増えていった。

しかし、やっと「コーヒーにこだわった店」と認識されはじめた頃、物件都合での退去を余儀なくされる。

独立して新たに開業する資金はないけれど、コーヒーの楽しさ、自分の焼いた豆を気に入ってくれた人たちと、離れたくない。そんな

様々なメーカーのドリッパーがずらりと並ぶカウンター。抽出の研究のために、榆井さんが買い揃えたもの。

細長く、奥が広がっている店舗。カフェスペースまでは左右の壁にコーヒー器具や焙煎豆、テイクアウト用のお菓子などがぎっしりと並ぶ。

地元の常連客にとって、カウンター越しにスタッフと交わす会話も、楽しみのひとつ。

下町情緒を感じる、駅前商店街の中にある。店名のカフェシュクレは、「甘いコーヒー」の意味。誰もがリラックスできる店を目指している。

menu

妊婦や子連れ客の多い同店。デカフェのアイスコーヒーにも、無糖、ローカロリー、ジンジャーフレーバーなど、バリエーションが揃う。

チーズケーキ600円。土台にコーヒー粉を練り込んである。

ハンドドリップコーヒーがメイン。エアロプレスやサイフォン、ゴールドフィルターなど、好みの抽出器具を選ぶことができる。「抽出器具飲み比べ」メニューもある（混雑時以外）。ベーグルやワッフル、コーヒーを使ったデザートなど、年代や時間帯を問わずに好まれる軽食を用意。

楡井さんの背中を押してくれたのが、現在の夫。大らかな人柄の彼と話すうち、「開業してダメだったら、朝から晩まで必死に働いて返済すればいい」と覚悟が決まり、銀行から約800万円の融資を受けた。

2004年、自家焙煎カフェとして『カフェシュクレ』はオープンした。女性スタッフの積極的な雇用、かわいらしいデザイン、スペシャルティコーヒーを使ったデカフェの充実など、男性寄りだったコーヒー業界に新しい風を吹き込んだ。スタッフには技術はもちろん、もてなしの心も重視して教育した。

豆の卸先が増えたことから、2015年には軽井沢に焙煎所を開設。コーヒー器具の監修をしたり、セミナーや全国のデパートからイベントに招かれたりと、売上も人気も順調に伸び続けている。

特に、昨年秋に発売した、国内でカフェイン除去を施した「メイドインジャパン デカフェ」は、大きな話題を呼んだ。おいしさと品質、そして安全にこだわったデカフェは、カフェに訪れる多くの女性からリクエストされてきたものであり、楡井さんが目指してきたものだ。

「最初の店をはじめてから、20年。母親らしいことは全くできず、がむしゃらに働いてきました。大変だけど、コーヒーが大好きだから続けてこられたし、コーヒーのおかげで立ち直ることができた。だから、今度は私がコーヒーでたくさんの人を笑顔にしたいんです」。

そんな母の背中を見て来た次女は、1年前から同店で働きはじめた。これも、コーヒーが運んできた幸せのひとつ。辛い経験があったからこそ人に優しくできるし、感謝もできる。そう語る楡井さんの淹れるコーヒーは、じんわりと甘く、やさしい味なのだった。

『ラ・チンバリ社』のエスプレッソマシンを使用。カプチーノ450円～。

コーヒー豆は常時約24種類を用意。浅煎りから深煎りまであるが、一番人気なのは中煎り。

Café Sucré
東京都墨田区東向島2-31-20
曳舟駅から徒歩5分

坪数：16坪
席数：18席
開業：2004年6月

https://cafe-sucre.com

価格はすべて税別

目指すはミシュラン。
イノベーティブな
ロースタリーカフェ

東京都世田谷区

WOODBERRY
COFFEE ROASTERS

ウッドベリー　コーヒー　ロースターズ

オーナー
木《き》原《はら》 武《む》蔵《さし》さん

「目標は、ミシュランの星をとること。コーヒーをガストロノミーのひとつとして捉えてほしい」。

そう語るのは、『ウッドベリー コーヒーロースターズ』のオーナー、木原武蔵さん。21歳の時に同店を開業し、その後世田谷にコーヒーとドーナツの店『テイクイットオール』、代官山にコーヒースタンド『パーチ』を出店した。28歳の現在は、講師として海外の展示会に招聘されることも多く、動向が注目されている若手バリスタ兼ロースターだ。

アメリカの大学で経済を学んでいた木原さん。ある時、お気に入りのカフェで出てきたコーヒーがいつもと違っておいしくなかったことに驚いた。

「バリスタ次第で味が変わるなら、自分で淹れてみよう。そう思って家庭用エスプレッソマシンを購入しました」。

折しも、アメリカはサードウェーブが盛り上がっていた時期。環境や社会問題にも配慮したスペシャルティコーヒーに感銘を受け、どんどんコーヒーに魅了されていった。

そんな中、父親の病気が分かり急遽日本に帰国することとなった。東日本大震災もあったことから、家族を支えるため、アメリカには戻らず実家のある世田谷で暮らすことを決める。

「社会の役に立つ仕事をしたいけれど、何がよいのか迷っていた時、近所にカフェがないことに気付いて。地元の人のためにスペシャルティコーヒー専門店を作ろうと思いつきました」。

シンク・グローバリー、アクト・ローカリー。地球規模で考え、地域で行動する。

その考えがベースにある木原さんにとって、個人カフェの開業は、大きな市場のコーヒーを変え、より良い世界にするための小さな一歩でもあった。

すぐさまコーヒーセミナーやトレーニングを受講し、駅近くで見つけた物件のリノベーションをスタート。開業資金のほとんどは、世田谷区の創業支援資金でまかなった。

思いついてから半年も経たずして、1店舗

用賀駅から徒歩3分という好立地で、元不動産屋の物件。現在3店舗合わせて、スタッフは10名。

豆は100g720円～。シングルオリジンをメインに、8種前後が並ぶ。

ノーマン・ロックウェルのポスターや赤レンガ、レコードなど、どこか「古き良きアメリカ」を感じさせる店内。友人の父親に設計してもらい、DIYで仕上げた。

卵やバターといった動物性の食材を使わない、素材にこだわったおやつがコンセプト。

menu

エスプレッソとフィルターコーヒーがメインで、コーヒーカクテルも楽しめる。フードはなく、2号店で作る焼き菓子が並ぶ。

バリスタの朝食1050円。コーヒーテイスティングのためのメニューで、エスプレッソ、カプチーノ、フィルターの3種を一度に飲める。海外からのお客に特に人気。

目をオープン。「良質なレストランが多い街だから、レベルが高くなければ常連客がつかない」というプレッシャーはありつつも、スペシャルティコーヒーをきちんと抽出し、ホスピタリティーを大切にすれば大丈夫という確信があった。

「一度来てくれた方の顔はできる限り覚え、次の時は〝5年ぶりに会った親友〟のように接することを心掛けました」。

順調に常連客は増え、彼らの好みに合わせた豆を用意するため、1年後には焙煎機を導入。得意の英語と数学を駆使し、海外の情報サイトを参考に最新のデータソフトを導入するなど、品質の向上に努めた。

全くの異業種にひとりで飛び込み、店を経営していくのは、大変なことも多いはず。けれど常に自然体で楽しそうに働く姿に、引き寄せられる人は多い。それはお客だけでなく、スタッフも同様だ。

「一緒に働きたいと言ってくれる人がいたから、新しい店を作りました。これからも新しい出会いで何かが決まっていくと思います」と軽やかに話す。

もちろん思いつきで出店する訳ではない。2号店は地域でのブランド定着のため、3号店は都内中心部でのコミュニティ作りのため。現在のところ、経営は順調に右肩上がりだ。

「お金を使うって、支払い先に投資することだと思うんです。自分は公私共に、理念に共感できる企業から買うように心掛けています。うちの店もそう思ってもらえるよう、ゴミになるストローは使わない、原料にこだわる、豆を無駄にしないといった取り組みもしています」。

イノベーティブな組織でありたいと、「新しいコーヒーを体験できる新店舗」についてスタッフ全員で構想中。木原さんが抱く熱い想いのその先に、星は輝いている。

『ラッキーコーヒーマシン』の焙煎機。現在月1トン程を焙煎する。焙煎量は年々増え、現在は中国など海外へも卸している。近い将来、焙煎所を他所に作り、12～15kgタイプに変える予定。

2015年3月にオープンした、2号店の『テイクイットオール コーヒー＆ドーナツ』。セントラルキッチンとして、3店舗のお菓子は全てここで手作りしている。用賀駅をはさみ、1号店とは反対側に位置する。

WOODBERRY COFFEE ROASTERS

東京都世田谷区玉川台2-22-17
用賀駅から徒歩3分

坪数：10坪
席数：10席
設計施工：セルフリノベーション
開業：2012年6月

woodberrycoffee.com

価格はすべて税込み

MBAホルダーがつくる、数値に基づいたコーヒー

東京都世田谷区

FINETIME COFFEE ROASTERS

ファインタイム　コーヒー　ロースターズ

オーナー
近藤《こんどう》 剛《たけし》さん

浅煎りにした自家焙煎豆をエアロプレスで淹れる、『ファインタイムコーヒーロースターズ』。

オーナーの近藤剛さんは、ジャパンエアロプレスチャンピオンシップで抽出、焙煎部門でともに3位入賞という実力の持ち主。しかしコーヒー業界に飛び込んだのはほんの数年前で、それまでは外資系金融機関に身を置き世界中を飛びまわっていた。

「MBAを取得していることもあり、自分で経営をしてみたいと思っていました。50歳で会社を辞め、何をやろうか考えたとき、頭に浮かんだのは昔から好きだったコーヒー。まずは知ることからと２００軒近くカフェをまわり、コーヒーセミナーやカッピングにも片っ端から参加しました」。

カフェ経営に心が決まると、ひとりで切り盛りできるよう焙煎教室やバリスタスクールに通い、焼き菓子とパンも習いはじめる。

ずっと深煎りの苦いコーヒーを好んでいたが、飲むほどにフルーティーな浅煎りに魅了され、これが世界の主流になると確信。豆の酸味と甘みを楽しめる店にしようとコンセプトが固まった。

ちょうど結婚が決まったことから、1階を店舗、2階を自宅にできるよう古い一軒家を購入した。建築家にフルリノベーションを依頼したものの、物件の修繕箇所が予想以上に多く、予算を大幅にオーバー。その調整に時間がかかり、工期は半年延びることになった。

しかしそれを「勉強する時間が増えた」と前向きに捉え、コーヒーの資格試験を受けたり競技会に挑戦したりと積極的に動き、それぞれによい結果を残す。

未経験での快挙について近藤さんは、「抽出や焙煎で大事なのは、感覚よりも数字。重量、温度、時間を変えて実験と検証をひたすら繰り返しました。理系の人間なので、なんとなく、では納得いかないんです。エアロプレスはレシピの数字が固まれば安定した味が出せるので、私には合っていました。あとは前職

以前駐車場だった場所を、アプローチ兼テラス席に。気さくな人柄の近藤さんを慕い、若手のコーヒー関係者も多く訪れる。「情報交換もオープンで、刺激をもらえます。皆さん若いのにしっかりしていて頼もしいですね」

オレンジ色がまぶしい、ディードリッヒ社の5kg焙煎機。苦みのないフルーティーな味を引き出す。焙煎プロファイルを日々記録し、安定した焙煎を心掛ける。カフェや旅館など、豆の卸先も増加中。

北欧を意識したシンプルな内観。2階の自宅では、店のオープンから1ヵ月後に産まれた長男と妻が暮らす。「この建物は私と同い年の築53年、店は長男と同い年。不思議な縁を感じます」と近藤さん。

menu

カフェラテ500円。お客の3割がオーダーする、人気メニュー。エスプレッソ技術はスクールに通って習得した。

コーヒーと焼き菓子数種類というシンプルな構成。ドリップ用の豆は酸が弱めのものからしっかりしたものまでを5、6種類揃え、お客には口頭で説明しながら選んでもらう。

スコーンやパウンドケーキといった素朴な自家製焼き菓子が並ぶ。パンが焼ける設備も導入しているが、コーヒーに集中するため、今は焼き菓子のみに絞っている。

時代に世界中のレストランを食べ歩いたこと、集中して数多くのカッピングを重ねたこともよかったのでしょう」と自己分析する。

店で出すのはすべて浅煎り豆だが、地元客からは苦みのある深煎りを求められることが多い。

「試飲すると、女性客は『新しい味』と感激してくれますが、男性客は拒絶する方が多い。自分もそうだったので分かるのですが、浅煎りは何度か飲まないと理解しづらいんですよね。コーヒー＝苦み、と思い込んでいる方にもう一度来てもらうにはどうしたらよいか、それが今の課題です」。

来客数は増やしたいけれど、深煎り豆を並べたらそれにオーダーが集中して浅煎り豆を選んでもらえないだろう。葛藤を抱えながら、積極的にカッピングを開催したりイベントに出店したりと、まずは多くの人に飲んでもらう努力を続けている。

「会社を辞めて何をするか悩んでいたとき、人の役に立ってこそ生きる意味がある、と思ってこの仕事に決めました。自分の淹れるコーヒーで誰かが喜んでくれたら、そんな嬉しいことはない。今後の目標は、コーヒーにたずさわる全員が幸せな世界にすることです」。

真剣に語る近藤さんの声は力強く、きっとそれは近く実現すると思えてくる。そんな話に耳を傾けながら飲む一杯は格別においしく、後味も爽快なのだった。

『ラ・マルゾッコ』のエスプレッソマシンを使用。カラフルなカップは、『ORIGAMI』という美濃焼きのブランド。

今後は豆の販売に一層力を入れていく予定。「浅煎りコーヒーでは特に生豆の品質が重要になる」という考えをもつ近藤さんにとって、生豆の仕入先は重要な課題。数多く飲んだ中で一番好みだったノルウェーの生豆商社『ノルディックアプローチ』から仕入れたいと、直接現地まで行って交渉し、実現させた。

FINETIME COFFEE ROASTERS

東京都世田谷区経堂1-12-15
経堂駅から徒歩2分

坪数：20坪　席数：16席＋テラス席
リノベーションプランニング：リビタ
設計：成瀬・猪熊建築設計事務所
施工：山内工務店
開業：2016年6月

finetimecoffee.com

価格はすべて税込み

魚屋みたいに、その日の「いい豆」が並ぶ店

東京都世田谷区

Coffee Wrights

コーヒー ライツ

店主
宗島《むねしま》 由喜《ゆき》さん

駅と住宅街をつなぐ場所に立地する『コーヒーライツ』。大きなガラス窓からは、店内の様子がよく見える。

店主の宗島由喜さんは、カナダやニュージーランド、オーストラリアのカフェで働いてきた経歴を持つ、ロースター兼バリスタ。

「向こうでカフェは1日何度も通う場所で、生活に密着している。この店もそうなれるようできるだけオープンにしています。魚屋さんで『いいお魚入ってる？』と聞くように、『今日はどのコーヒーがおすすめ？』と気軽に立ち寄ってもらいたい」と話す。

開店してまだ1年にも満たないが、確かな技術とフレンドリーな接客が評判を呼び、地元の常連客はもちろん、海外からのお客も増えてきた。

「実家が美容院なので、私も店を継ぐために美容師をしていたんです。それが、はじめてシアトル系のカフェに行った時、おいしさや店の雰囲気に感動して。絶対にここで働こうと決めました」。

両親の反対を押し切って上京し、アルバイトとして入店。豆や産地について知るほど、もっと知見を広げたくなり、ラテアートに特化したカフェに転職する。

そこは熱いスタッフばかりが集まる店で、サービスの基本から徹底的に鍛えられた。特に苦戦したのは、セミオートのエスプレッソマシンの扱い方。店での練習では追いつかず、自宅用に簡易マシンを購入し、夜中にひとり泣きながら練習を重ねた。

その後ワーキングホリデー制度を利用して海外へ行くが、スムーズに現地のカフェで働くことができたのは、苦労して習得した技術があったからこそ。宗島さんのバリスタとしての腕前は、街角の常連が集うカフェでも、都市部の大きなカフェでも、すぐに認められた。

「コーヒーではじまり、コーヒーで終わる生活が当たり前」というカルチャーが根づいた土地で働く中、次に目指したのは焙煎技術の

季節に関係なく、扉は開け放っている。「コーヒー業界は体力も要るし男性社会と思われがちですが、海外では女性ロースターの先輩も多かった。日本でも、もっと増えるといいですね」と宗島さん。

元美容院をリノベーションした。店舗2階は全面客席。

一緒に働くバリスタの森田さんとは、オーストラリアで出会った。芯があって向上心の強い人柄に惹かれ、店には彼女が必要と、当時大阪にいた森田さんを東京に呼び寄せた。「人柄も技術も、唯一無二の存在です」と、絶対の信頼を寄せる。

小型のエスプレッソマシン。

カフェラテ480円。エスプレッソメニューは、ブレンドで淹れるダブルショットが基本だが、リクエストでシングルオリジンや、シングルショットへの変更ができる。シンプルなフォルムが美しいカップ＆ソーサーは、徳島『SUEKI CERAMICS』のもの。

menu

豆はシングルオリジン5種、ブレンド1種を揃える。豆の種類は今後もう少し増やす予定。将来的に産地へも行きたいと意欲的。

お菓子は西東京市にある『COMMA, COFFEE』から仕入れる。

修得だった。

帰国後、サードウェーブコーヒーの火付け役となったコーヒーショップの日本1号店で、ロースタースタッフとして働くことが決まる。アメリカ本社で焙煎の研修を受けたり、世界各地の支店で焙煎された豆をカッピングしたりと、夢中で学び続けた。

組織だから享受できるメリットは大きかったが、焙煎室にこもってお客と顔を合わせる機会がないことに、物足りなさを感じるようになる。

「自分が焙煎した豆を直接渡したい、コミュニケーションをとりたい」。その気持ちはどんどん膨らみ、今の小さなカフェにつながった。

店名は「コーヒーをする人」という意味。豆の生産者、ロースターやバリスタ、飲み手。コーヒーに携わるみんながハッピーになれる店、という希望が込められている。

「何の縛りもなく自由に生豆を選び、思うように焙煎して、飲み手の気持ちを聞いて丁寧に淹れる。ここに来るまで20年かかりました。今はコーヒー業界がオープンになって勉強の場がたくさんあるけれど、私はずいぶん遠回りしました。だけど全てに後悔がないし、今後も自分なりのコーヒー道を進んでいきます」。

「コーヒーをする人」に、国も年齢も性別も関係ない。コーヒーを愛する気持ちがあれば、いつだって誰だってその輪に入れる。『コーヒーライツ』の扉は、ウェルカムの気持ちを込めて、いつも開け放たれている。

中古で購入したフジローヤルの3kgタイプで、1日12回ほど焙煎する。これまで大型の最新式焙煎機を扱っていただけに、最初は調整に苦労したが、今はその日の気候によって温度やタイミングを変えることに慣れた。深く煎りすぎず、甘みと酸味とボディのバランスを重視した焙煎を目指す。

豆は100g750円〜。

開業にあたり、資金の一部はクラウドファンディングで募集した。資金集めと同時に、店の想いを多くの人に知ってほしいという試みは大成功。200人以上から160万円の支援を受け、オープン直後からお客が集まった。

Coffee Wrights
東京都世田谷区1-32-21
三軒茶屋駅から徒歩3分

坪数：11坪 | 席数：14席
設計：CHAB DESIGN
施工：todo
開業：2016年12月

coffee-wrights.jp

価格はすべて税込み

「コーヒーの街」の
シンボルショップ

東京都江東区

ARiSE COFFEE ENTANGLE

アライズ　コーヒー　エンタングル

オーナー
林《はやし》 大樹《たいじゅ》さん

清澄白河駅周辺は、大小含め数々のカフェが軒を連ねる、コーヒーカルチャーの発信エリア。国内だけでなく、今や世界各地からカフェ巡りを目的に多くの人が訪れる。

その中で、必ずと言っていいほど名前が挙がるのが、2013年にオープンした『アライズコーヒー ロースターズ』と、翌年にできた『アライズコーヒー エンタングル』。ロースターズは小さなスタンド併設の焙煎所、エンタングルは軽食やショッピングも楽しめるゆとりのあるスペースとなっている。

2店のオーナーを務めるのはこの地に長年住み、コーヒーのキャリアは18年という林大樹さん。気さくな人柄を慕い、店には毎日たくさんのお客が訪れる。

常連客も多いが、店にいる人全員にフラットに接するのがモットー。10分前にはじめて来たお客さんが、後から来た人に「毎日通っているんですか?」と言われるほどすぐに馴染む光景も、ここではよくあること。「街の寄り合い所みたいな場所」と林さんは笑う。

林さんのコーヒーのキャリアは、大正時代から続く老舗のコーヒー卸会社『山下コーヒー』がスタート。手を動かすことが好きで、職人的な仕事に魅力を感じ、入社した。

毎日ローストやカッピングを繰り返すこと約10年。知識と技術に自信がついた頃、清澄白河に新規オープンする『ザ クリーム オブ ザ クロップ コーヒー』が、立ち上げスタッフを募集していることを知る。

これまでの経験を生かせる仕事内容もさることながら、自宅のそばという立地も魅力で、転職を決める。これまでは裏方として従事していたが、新天地では焙煎のほか接客も行い、人脈がグッと広がった。

「いろんな方からイベントへの参加などおもしろそうな誘いをたくさんいただきました。でも、当時の自分は会社員。独断で決められないのがもどかしくて…」。

自分のためというよりも、頼ってくれる人達の期待に応えたいと、独立・開業をした。すでに林さんのコーヒーにはファンがついていたこともあり、オープン直後から賑わった。

大きな公園沿いという好立地。林さんは2店をスケートボードで軽やかに行き来する。

看板屋の工場だった場所を、ヴィンテージ家具を扱う知人がリノベーション。「最初ちょっと小綺麗にしすぎたから、バンコクから船便で送った大型オブジェなどで個性を出した」と林さん。

カフェというより、あくまでもコーヒー屋の延長。日差しが差し込む、気持ちのよい空間だ。清澄白河にある東京都現代美術館のサテライト展示を行うことも。

menu

ドリンクはブラックのコーヒーのみ。豆は6〜10種類を用意。ペルーとドミニカは定番で、その他は週単位で変わる。焙煎度合いはミディアムがメイン。

中津さんのブラヂルプヂン350円。ブラジルプリン研究家・中津さんのレシピで作る。コンデンスミルクが入った濃厚なプリンと、ほろ苦いカラメルが染みこんだココアスポンジの組合せ。

地元で人気の『コトリパン』のバケットを使ったサンドイッチや焼き菓子も、店内で楽しめる。

2軒目のエンタングルは、物件ありきだった。清澄庭園が目の前という好ロケーションが気に入り、地元の物作りをする仲間と一緒に「道の駅」みたいな場所にしようとはじめた店。店内で販売される雑貨類や食品など全てが、顔の見える作り手によるもの。

お客はその日の用途によって2店を使い分け、『アライズ』のブランドは一層この地に浸透した。

最近力を入れているのが、アジア圏のコーヒー豆だ。タイでは焙煎の講師、フィリピンでは農園のアドバイザーを務めるなど縁がつながり、知人を通してタイやミャンマー、ラオスなどの優良豆を小ロットで仕入れはじめた。

「最近になってコーヒー農園の技術革新が進み、クオリティーが格段に上がっています。日本人に合っていると思うし、希少で個性的なアジアの豆をもっと多くの人に飲んでもらいたいですね」と熱を持って話す。

有名店ゆえ、企業などから出店の誘いも多いが、多店舗化することや多角経営などは今のところ興味がない。

その理由を「あまり野心がなく、老後の余暇を前倒しでやっている感覚なんです。だから、信頼できる人達と無理せず楽しくやれたらな、って」。

大らかな語り口と、キャリアを感じさせるコーヒー。その一杯からは何より楽しさが伝わってくる。この空気を味わいたくて、今日もたくさんの人がアライズに集うのだ。

革小物やアクセサリー、バッグ、調味料など、地元の人がつくる良品を販売。

交差点角に立地する、『アライズコーヒーロースターズ』。ここから『ブルーボトルコーヒー』は徒歩で約30秒という至近距離。店内には生活の一部というスケートボードがズラリと並ぶ。フジローヤル社の10kg窯で、1回40kgを週3日ほど焙煎する。

ARiSE COFFEE ENTANGLE

東京都江東区清澄3-1-3
清澄白河駅から徒歩5分

坪数：17.5坪
席数：20席
開業：2014年9月

arisecoffee.jp

価格はすべて税込み

夫婦でつくる、
海の隣の
カフェベーカリー

神奈川県葉山町

三角屋根
パンとコーヒー

さんかくやね　パンとコーヒー

オーナー
中澤《なかざわ》　一道《かずみち》さん

目の前には葉山の海、後ろには青空という気持ちのよいロケーションに建つ、三角屋根の一軒家。ここは中澤一道さんがコーヒーを焙煎し、妻の裕佳《ゆか》さんがパンを焼く、夫婦経営のカフェだ。

　ふたりはカフェの専門学校時代の同級生。付き合う中で自然と、一緒に店をはじめることが目標となった。

「妻は最初からパンと決めていたのですが、僕はどうしようかと悩んでいました。そんな時、たまたま入った店で飲んだコーヒーがすごく美味しくて。コーヒーの苦手な妻が感激する様子を見て、これだと思いました」

　そこは浅煎り豆をメインで扱っているコーヒーショップ。タイミングよく、商業施設内に新規オープンする支店に採用された。目の回るような忙しさだったが、コーヒーを愛する仲間との会話で知識を増やし、バリスタとしての経験を重ねた。

　大人数のお客をひとりでさばく自信が持てるようになった頃、開店準備に専念するため退職。自然が近く、ふたりが大好きな葉山を選んだ。

「一生続けるつもりなので、時間がかかってもいいから納得のいく仕上がりにしたかった」

というように建築にはこだわり、家具を含めてオリジナルをオーダー。また、設計期間中に子どもを授かり、子連れで来店できるようにレイアウトを変更したこともあり、完成までに2年の歳月がかかった。

　その間に焙煎の研究を深め、２０１６年春に満を持してオープン。長い建築期間が周辺住民の話題となり、初日は大行列ができた。

「まさかそんなに来ていただけると思わず、混乱してお客さまにご迷惑をかけてしまったのですが、すぐに軌道修正をはかりました。入口付近にテイクアウト商品を集中させ、奥のカフェスペースはゆったり寛いでもらえるようにする。自分たちはカウンターから出ないですむよう、水も含めてセルフサービスにする。待ち時間を短く感じるよう、積極的に

1階が店舗、2階が自宅になっている。駅からは距離があるが、店の目の前にバス停がある。

焙煎機は『プロバット』社の5kg窯。定休日にその週に使用する分を焙煎し、豆によって3日〜10日落ち着かせてから使用する。開業準備中にSCAJ主宰の焙煎合宿に参加し、自家焙煎にチャレンジすることを決めた。

中庭の芝生は、親子客に大人気。ガラス戸を閉めれば、中のお客は静かにくつろげる。

椅子、テーブル、ライトなど、全てオーダーメイド。常連客にはクリエーターやアーティストが多く、1日ここで何杯もコーヒーを飲みながら仕事をする人も多い。

卵サンド280円。甘いパンはあまりなく、プレーンなパンがメイン。だいたい16時には売り切れる。

チーズケーキ430円、三角屋根ブレンド(S)350円。2年かけて開発したオリジナルブレンドは、香り高く、甘い後味が特徴。オリジナルのカップ&ソーサーは、2000円で店頭販売もしている。

menu

ドリンク、パン、デザートの提供。コーヒーは、ドリップは1種類に絞り、あとはエスプレッソメニューという構成。夫婦ともに相手の作るものが大好きなので、やり方には口出ししない。

話しかける。全て前職場で学んだことです。特に手を動かしながらでもひと声かけると、コーヒーに興味をもってもらえるし、お客さまとの距離が縮まります」。

その効果は5割が常連客、という数字にあらわれている。

コーヒーは自家焙煎豆を約10種類前後揃え、その中の1種を日替わりで店内メニューとして提供する。その際、必ず裕佳さんに試飲してもらうことが朝の日課となっている。

「妻は感覚で物事を決めるタイプで、頭で考える僕とは正反対。だからでしょうか、付き合ってから物事がスムーズに進むようになりました。彼女の感覚を信じているので、OKが出るまで毎朝調整してから店を開けます」。

最初は「パンの店」という印象が強く、豆はほとんど売れなかったが、毎日丁寧に焙煎したコーヒーを出し、お客の好みに合わせて豆のバリエーションを増やすうち、1年半経った現在豆の売り上げは当初の8倍となった。

「妻のようにコーヒーは苦手だけどここのは好き、と言ってもらったり、敬遠されていた浅煎り豆が売れはじめたり、町に馴染んできたのを感じます」と嬉しそうに話す。

波の音を聞きながら店まで歩くと、パンとコーヒーの香りが漂ってくる。テイクアウトをして海へ行く人や、中庭で子どもと過ごす人、店内でパソコンを広げる人。誰をも受け入れる、ゆるやかな空気が、この土地で愛される理由のひとつなのだろう。もちろん、確かなその味も。三角屋根のその下は、今日も笑顔で溢れている。

子連れ客が多いため、キッズチェアも用意。額に入った絵は裕佳さんが描いたもの。「まだカフェ開業が夢だった時に、いつか飾りたいから、とお願いをして描いてもらいました」と一道さん。

自然に恵まれた地域ゆえ、エアコンの風が苦手という地元客が多く、途中で環境にやさしいペレットストーブを導入した。

店内用の日替わりコーヒーは地元客の好みに合わせて中深煎り以上の豆を扱うが、豆販売では浅煎りや個性的な豆など幅広いバリエーションを並べる。

三角屋根 パンとコーヒー

神奈川県三浦郡葉山町堀内1047-3
逗子駅からバス15分

坪数：33坪 ｜ 席数：20席(＋中庭テラス席)
設計：㈱プレイス総合計画
施工：NUB creative works
開業：2016年5月

sankaku-yane.net/home/

価格はすべて税別

コーヒー業界の
発展に尽力する、
バリスタ夫妻

東京都墨田区

UNLIMITED
COFFEE BAR TOKYO

アンリミテッド コーヒー バー トウキョウ

オーナー
松原《まつばら》 大地《だいち》さん 平井《ひらい》 麗奈《れな》さん

東京スカイツリーのすぐそばに立地する、『アンリミテッド コーヒーバー』。1階はジャケット着用のバリスタが淹れるコーヒーやコーヒーカクテルを楽しむコーヒーバー、2階はカフェ開業を目指す人のための〝バリスタトレーニングラボ〟となっており、コーヒーの発信基地として注目されている。

同店を営むのは、ともにバリスタトレーナーの平井麗奈さんと松原大地さん夫妻。コーヒー競技会での審査員仲間として出会い、「バリスタの職業価値を高めたい」という信念で意気投合、公私でのパートナーとなった。まさにコーヒーが結んだ縁だ。

妻の平井さんは、イタリアで語学を習得した後、日本でカフェバールに就職。そこでチーフを務めるイタリア人バリスタの通訳についたことが、コーヒーへの入口となった。

チーフの技術と知識を真横で見聞きするうち、そのおもしろさに目覚め、自身もバリスタに転身。日本で始まったばかりのコーヒー競技会で2年連続入賞を果たすなど、若手女性バリスタとして活躍していた。

しかし「自分ひとりが現場で頑張るよりも、人を育てた方が、日本のコーヒー市場の発展に役立つのでは」との思いから、バリスタトレーナーとして独立。主にカフェやレストランに赴いて教える傍ら、競技会の審査員も務めるようになった。

一方、夫の松原さんはコーヒー機器の製造販売会社に勤務していた。エスプレッソマシンの扱い方をレクチャーしたり、バリスタの世界大会の審査員として海外でも活躍したりと、平井さん同様コーヒー一色の生活を送っていた。

「当時、マシンを購入したお客様から『これがあればすぐにおいしいコーヒーが作れるよね?』とよく聞かれました。いくら高価で高性能なマシンがあっても、良質なコーヒー豆や技術が伴わなければ、よいものは作れない。海外にはバリスタになるためのスクールがたくさんあるのに、なぜ日本にはないのか。そういう場を作り、日本のコーヒーレベルを底上げしたいと思うようになりました」。

表からはスカイツリーが見える立地。1階がカフェ、2階がバリスタトレーニングラボ、3階がスタッフルームとなっている。

バリスタと会話しながら注文を決めるスタイル。フィルターコーヒーは、ハンドドリップ、エアロプレス、シルバートンの3種の抽出器具と3種のコーヒーから、組み合わせて注文する。

東京の新名所エリアにふさわしい、モダンな内観。ラボに通う生徒の中には、同店のインテリアを参考にして開業する人も多いそう。

店内奥は落ち着いたバーエリアとなっている。バリスタが作るコーヒーカクテルは、あくまでもコーヒーが主役だ。

コーヒー豆は常時5種類前後を販売。焙煎は平井さんの担当。

5オンス ラテ550円。倍量の10オンスラテは680円。バリスタがテーブルまで来て、目の前でエスプレッソの入ったカップにフォームドミルクを注ぐ。まさにできたての一番おいしい瞬間を飲むことができる。

menu

コーヒーをメインとしながらも、アルコール、デザート、フードと充実しており、利用の幅が広い。バーテンダーの経験もある平井さんが開発したコーヒーカクテルは、同店の名物のひとつ。コーヒーの新たな魅力を感じられると評判だ。

自家製キーマーカレーライス850円。抽出したてのエスプレッソや完熟バナナなどの隠し味が、奥深いおいしさを作る。

ふたりは出会ってから2年後の2012年、バリスタの教育を目的とした『アンリミテッド』を創設。自宅の一角にマシンを揃え、コーヒーに興味のある人ならば誰もが学べるトレーニングラボを作った。

数々の現場に立ってきた平井さんと、世界水準のバリスタスキルを熟知する松原さん。最強コンビともいえるふたりの元には、全国から多くの生徒が集まった。

「彼らのお手本になるようなカフェがあれば、より分かりやすいだろう」と開いたのが、『アンリミテッド コーヒーバー』。スタッフは全員ラボの生徒だ。オーナーに憧れる彼らは積極的にコーヒーの競技会にも出場し、6名中4名のスタッフが競技会で入賞をしている。

そんなスターバリスタが揃う同店では、競技会と同じクオリティーのコーヒーを提供することをコンセプトにしている。

「お客様に対してバリスタが直接コーヒーの説明をする」

「ミルクビバレッジは席まで行って注ぎたてを手渡す」

「帰る際はドアの外まで見送る」

コーヒーがおいしいのは当たり前のことで、プレゼンテーション、テクニック、ホスピタリティ、その全てに力を注ぎ、心に残る時間をプレゼントしたい。そういう積み重ねが、コーヒー市場全体を盛り上げると確信しているのだ。

昨年、平井さんと松原さんの間に娘が誕生した。

「私たちと同じように、娘にも自分が好きなことをしてほしいですね。もしバリスタになりたいと言ったら？　もちろん応援します。バリスタは立派な仕事ですし、その頃には職業価値も高くなっているはずですから」。

そう未来を語るふたりの顔は、とても明るく、優しい。日本のコーヒー業界の先駆者として、父と母として、やりたいことはまだまだたくさんあるそうだ。

エスプレッソマシンはホワイト塗装した『ラ・マルゾッコ社』のLinea-PB（スケール内蔵モデル）

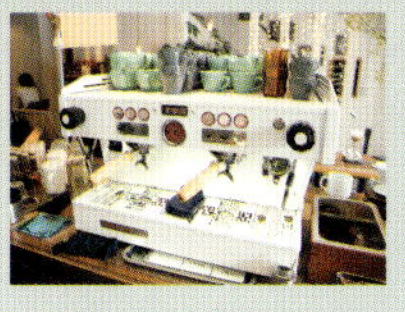

同店で働くスタッフたちが獲得した、競技会での賞状やトロフィー。仕事の合間に練習を重ね、熱意を持って学び続けることで入賞が実現した。

2階のバリスタトレーニングラボ。ラボは基本的に週末のみ営業。カフェの開業希望者が、全国から集まる。

UNLIMITED COFFEE BAR TOKYO

東京都墨田区業平1-18-2 1階
とうきょうスカイツリー駅から徒歩1分

坪数：16坪
席数：24席
開業：2015年7月

www.unlimitedcoffeeroasters.com/bar

価格はすべて税別

気取らない、日常のコーヒーを提案

東京都杉並区

FRESCO COFFEE ROASTERS

フレスコ コーヒー ロースターズ

オーナー
澤《さわ》地《ち》 広《ひろ》之《ゆき》さん

老舗の喫茶店やチェーン系カフェなどがひしめく、JR中央線の阿佐ヶ谷駅周辺。大通りから1本小道を入った落ち着いた場所に、『フレスコ コーヒー ロースターズ』はある。開業して15年になる自家焙煎のコーヒー専門店だ。

オーナーの澤地広之さんは30歳の時に自分で商売をやりたいと、勤め先を退社。何で起業するか決めかねていたが、軽い気持ちで見に行ったジャパンバリスタチャンピオンシップが、転機となった。

「とにかくステージ上のバリスタの所作がかっこよくて、これだと思いました。今まで知らなかった世界だから、余計に魅了されたのかもしれません」。

まずはエスプレッソ専門店でアルバイトをはじめ、抽出技術などを学びつつ、地元の阿佐ヶ谷で物件を探した。店の要となるエスプレッソマシンは、ジャパンバリスタチャンピオンシップで使われていたものと同じ、ラ・マルゾッコ社のマシンを導入。豆はシアトルにある世界的に有名なロースターから仕入れることとなった。開店準備は順調に進み、エスプレッソ専門店として自信を持ってオープンした。

「しばらくは全くお客さんが来なくて…。当時この辺りではまだエスプレッソ文化が浸透しておらず、何の店だか理解してもらえなかったのが原因です。自分が一番好きな場所という理由だけでエリアを決めたので、都心のオフィス街に出店していれば違っていたはず、と後悔しました」。

まずは店に足を運んでもらおうと、ドリンクのみだったメニューにランチ、デザート、アルコール、キッズドリンクなどを次々と追加した。

その作戦は大成功。赤ちゃん連れのファミリーからカップルまで客層が広がり、週末になると2日で３００人近いお客が訪れる繁盛店となった。

しかしそんなハードワークな日々に、身体は悲鳴をあげはじめた。同時に、コーヒーがメインではなくなっている現状に、何かが違うという思いが払拭できずにいた。

焙煎機はディードリッヒ社の3kg窯を愛用。

15年間愛用するラ・マルゾッコ社の黄色のエスプレッソマシン。澤地さんがコーヒーを目指すきっかけとなった、ジャパンバリスタチャンピオンシップで使われていたものと、同一のマシンだ。

コの字型に配置されたベンチシートなので、自然と店全体での会話が生まれる。常連客にも、初来店のお客にも、分け隔てなく対応することがモットー。

マンションの1階に入る。平日は40人、週末は60～70人の来客があり、来店客の半数が豆を購入する。

menu

カプチーノ コン カカオ450円。希望があれば、うさぎやパンダなどのかわいらしい模様をかいてもらえる。

オープン2年目から「コーヒーは食材。素性の分かるものにしたい」と、取り扱いをスペシャルティコーヒーのみに限定している。焙煎度合いは、中煎りから中深煎りが基本。

かぼちゃのチーズケーキ350円。濃厚でコクのある味わい。

そして開業から7年目。もう一度コーヒーと向き合おうと、自家焙煎のコーヒー豆販売店としてやり直すことを決断する。ロースターの導入に伴い、客席を半分以下に減らし、ランチもアルコールもメニューからはずした。外観は同じなのに、急に変わった店内に戸惑うお客も多かった。数字にも如実に表れ、売上は三分の一まで落ち込んだ。

それでも店を愛して通ってくれる人の期待に応えたい。店を継続させたい。そんな想いで、産地や農園の情報をこまめに伝えたり、抽出のワークショップを開いたり、コーヒーの麻袋を店頭に並べたりと、「コーヒー豆屋」としてのアピールを地道に重ねた。

自己流ではじめた焙煎も熱心に研究を重ねることで、少しずつ豆の卸注文が入るようになり、売上はゆっくりと回復。コーヒーを目的に、わざわざ遠方から人が集まる店となった。

そして2015年、都内の商業施設内に2号店となるコーヒースタンドをオープン。ここではコーヒーの他に、封印していた軽食やデザートをメニューに並べた。経営が安定し、コーヒー専門店として自信が持てるようになったからこその判断だった。

最初はバリスタのかっこよさから入ったコーヒーの世界だが、今は生活に根づいたコーヒーが好き、と話す澤地さん。

「日本茶のように、コーヒーも自宅でササッと適当に淹れて楽しんでほしい。そのために、お客さんの質問にはどんな些細なことでも丁寧に答えるようにしています」。

常にやわらかな雰囲気をまとう澤地さんを慕い、週に何度も通うお客も多い。こぢんまりとした客席では、いつの間にか全員でコーヒーについて話し合っていることもあるそうだ。

大好きな阿佐ヶ谷の地で、老舗になりつつある同店。気取らないアットホームな空気の中、今日もコーヒー談義は尽きない。

FRESCO COFFEE ROASTERS

東京都杉並区阿佐谷南3-31-1
阿佐ヶ谷駅から徒歩5分

坪数：15坪
席数：6席（店外4席）
設計施工：住宅専門の工務店
開業：2003年6月

www.caffe-fresco.net

2号店のコーヒースタンドは契約期間終了により、2018年末で閉店

価格はすべて税込み

オリジナルのコーヒー保存缶。

生豆は15～20種類の在庫を持ち、店頭では8種類前後の焙煎豆を並べる。

最短ルートで
頂点に立った、
ワールドチャンピオン

千葉県船橋市

PHILOCOFFEA
Roastery and Laboratory

フィロコフィア ロースタリー アンド ラボラトリー

取締役
粕谷《かすや》 哲《てつ》さん

コーヒーの世界に入りわずか3年で、ワールドブリュワーズカップチャンピオンに輝いた、粕谷哲さん。全くの無名だった日本人バリスタが世界大会で優勝したことは、各国で大きな話題となった。

現在はロースタリーカフェ『フィロコフィア』をベースにしつつ、「コーヒーをあらゆる場所に届けたい」と、セミナー講師やトレーナーとして世界中を飛び回っている。

きっかけは、突然原因不明の1型糖尿病を患ったこと。飲食物に制限がある中、糖分の含まれないコーヒーならいいだろうと、ハンドドリップをはじめた。ところが、見よう見まねで淹れた最初の一杯は、びっくりするほどまずかったそう。どうしたらおいしくなるのかという疑問から、興味は深まった。

退院後、「人生いつ何があるか分からない、好きなことをして生きよう」と都内のＩＴ企業を辞め、老舗自家焙煎店に転職。

大会を目指すことを決めたのは、オーナーの買付に同行して、中米で実際にコーヒー農園を見たときだった。

「1杯のためにどれだけの努力と苦労があるのかを目の当たりにし、生産者への感謝と尊敬の念がこみ上げました。現状を正しく世界に伝えたい。そのためには知名度が必要だと感じました」。

まずは世界大会で優勝することを目標にし、前職のコンサルタント業務で培った、プロジェクトマネジメントの経験をいかしてプロセスを組み立てた。ルールブックを徹底的に読み込み、過去の大会成績を検証し、評価基準を研究。寝食以外の全ての時間を費やした。

「一番ありがたかったのは、勤務先の同僚が親身にサポートしてくれたこと。味だけでなく、プレゼンテーションのやり方に関しても、多くの意見をもらうことで自分を客観視できました。彼らに恩返しをしたいと、一層頑張れましたね」。

内容の濃いトレーニングは、ジャパンエアロプレスチャンピオンシップ、ジャパンブリュワーズカップでの優勝という快挙につながった。

店名は、Philosophy（哲学）とCoffea（コーヒーの木）を組み合わせた造語。コーヒーの木に対する感謝の気持ちが込められている。

「汚いところからいいものは生まれない」と考え、店内や身だしなみ含め、常にきちんとしていることを意識。抽出方法や考え方に関しても同様だ。

エスプレッソマシンはブラックイーグルを使用。

台湾で開発された、ドリップマシーン「OTF ES」。粕谷さんのドリップを再現できるよう、蒸らしから抽出設定、温度、ノズルの動作など、細部までプログラミングされている。

同店の焙煎機はアメリカ製のローリングスマートロースター15kgタイプ。Qグレーダーを持つ梶真佐巳さんは、船橋をコーヒーの街にすべく、活動している。

menu

コーヒーを中心としたドリンクが13種、デザートが2種。豆は7種前後を用意する。ペーパードリップ、エアロプレス、サイフォン、エスプレッソと抽出方法を選べる。テイクアウトは1杯200円とサービスプライスで販売（11:30〜15:00限定）。

カフェラテ500円。ミルク系に使用するカップは唇全体で味わえるよう、飲み口は厚めになっている。

クラフトコーヒー1本600円。ネルドリップ抽出したコーヒーを冷却し、瓶詰めしたアイスコーヒー。

そして世界大会に挑む前に発見したのが、オリジナルの抽出法「4：6メソッド」。総湯量の最初の4割で甘味と酸味を調整し、残りの6割で濃度を調整する、という考え方だ。

このメソッドで見事ワールドチャンピオンになった翌日から、メディアの取材と、海外からの出張オファーが相次いだ。また、企業とのパートナー契約やコラボレーションにより、目標のひとつであった仕事量に見合った収入源も確保。まさに生活が一変した。

そんな中、以前から親交のあった船橋コーヒータウン化計画の代表兼バリスタである梶さんから誘われ、『フィロコフィア』を共同でオープン。

焙煎所、カフェ、トレーニング・セミナールームなど様々な役割を持つ同店は、今年2月に開業したばかりだが、すでに全国から人の集まる場所となっている。

同店では、粕谷さんのドリップを忠実に再現できる最先端のマシンを導入している。今後、「おいしいコーヒーの抽出」はAIが担う時代がくると見越してのことだ。

「近い将来、コーヒー業界は大きく変わると思います。技術と知識はあって当たり前で、その上でコミュニケーション能力が重視される。私も伝え方はまだ完璧とはいえず、模索中です。数字にならない部分だからこそ難しいし、おもしろい」と話す。

優勝の原動力となった「1杯のありがたみを1人でも多くの人に伝えたい」という誓いを果たすべく、あの日からほぼ休みなくコーヒー漬けの生活を送る。これからのコーヒー業界の牽引役として、AIに淘汰されないバリスタ・粕谷さんの行動は、世界中から注目を集めている。

2016年ワールドブリュワーズカップの優勝カップ。「コーヒーは、努力量が結果に繋がりやすい仕事」と冷静に語るが、世界大会前はプレッシャーで眠れない夜が続いたそう。終わった後は、喜びよりも安堵感でいっぱいだった。以前の勤務先である、30年の歴史を持つ茨城の『コーヒーファクトリー』のオーナー、古橋さんには特に感謝している。「自身の経験を惜しみなく教えてくれ、今も悩んだときは真っ先に相談しています」。

船橋駅ビルに入る『ラダーコーヒー』は、同店の系列店舗。5坪とコンパクトなコーヒースタンドだが、コーヒーと合わせたアルコールドリンクや、子供向けのフォームミルク「ベビーチーノ」、柚子山椒を使ったアレンジコーヒーなど種類豊富なメニューが揃う。

PHILOCOFFEA Roastery & Laboratory

千葉県船橋市本町2-3-29
船橋駅から徒歩7分

坪数：20坪
席数：8席
設計施工：アトリエダン
開業：2018年2月

https://philocoffea.com

価格はすべて税込み

フレーバリストがつくる、DNAに響くコーヒー

埼玉県所沢市

LIMENAS COFFEE

リメナス　コーヒー

オーナー
元明《がんみょう》 健二《けんじ》さん

『リメナスコーヒー』で扱う自家焙煎豆は、浅煎りのシングルオリジンから深煎りのブレンドまで全13種類。それぞれに「白い花」「メロン」「クレソン」「ベリー」といった風味を表現するキーワードがいくつか並んでいる。

「人間のDNAに響くようなフレーバーを、コーヒーで創り出したいと思っています」。熱く語るのは、同店のオーナーであり、フレーバリスト（調香師）として長らく活躍してきた元明健二さん。

前職の乳業メーカーでは分析機器が計れない「人がおいしいと感じる香り」をつくるため、何百種類もの香気成分を操ってきた。その経験と優れた嗅覚をいかして焙煎するスペシャルティコーヒーは、どんな器具を使ってもおいしく淹れられると評判で、着実にリピーターを増やしている。

10代の頃からミルやサイフォン器具を揃え、趣味でコーヒーを淹れていた元明さん。仕事でもコーヒー系乳飲料の開発に関わるようになると、ますますのめり込んだ。しかし知識が深まるほど豆の品質にこだわりはじめ、従来のものでは満足できなくなる。そんな時に出会ったのが、アメリカの『ディードリッヒ社』の焙煎機だ。

「この焙煎機のもつポテンシャルの高さに惚れたんです。これがあれば、イヤな風味がまったくしない新しいコーヒーをつくれるのでは、と感じました」。

突き動かされるよう『ディードリッヒ社』の12kg窯を購入、それを設置するためにプライベートアトリエも構えた。そして購入から3年後、57歳の時に会社を辞め、焙煎家へと大きく舵を切る。

専門職として会社勤めをしてきた元明さんにとって、生豆の仕入れやカフェ経営は未知の世界。まずはSCAJ（日本スペシャルティコーヒー協会）に入会して横のつながりを増やしつつ、国内外のさまざまなロースターから豆を取り寄せ、焙煎の研究に励んだ。

子ども用英会話スクールだった物件を、誰もが気軽に入れるようポップにリノベーション。

元明さんの娘でデザイナーの加織さんも店造りに参加している。デザイン事務所に9年勤めたのち、イタリアへ渡りエスプレッソを学ぶ。「父と仕事をするのはプレッシャーもありますが、アーティストとコーヒーのコラボレーションなど、私らしい企画も考えていきたい」と意気込む。

ほうじ茶ラテ400円。急須で濃い目にだしたほうじ茶に、フォームミルクをあわせたラテ。奈良と静岡の茶葉をオリジナルブレンドした茶葉は、ミルクに負けない香り高さ。

menu

ドリップコーヒーがメインだが、エスプレッソのソーダ割りやオリジナルブレンドのほうじ茶ラテといった個性的なドリンクも人気。洋菓子店から仕入れる焼き菓子も不定期で並ぶ。

エスプレッソソーダ450円。炭酸にエスプレッソを注いだ、アイスドリンク。エスプレッソはインドネシアの浅煎り豆を使用。ハーブのような香りを感じる、清涼感のあるメニュー。

「コーヒーは乳製品と相性がよい、という考えが根本にあります。深煎りはもちろん酸味のある浅煎りも、すべての豆がミルクを加えても加えなくてもおいしくなる焙煎を目指しました」。

ストレートで飲むのがおいしい豆、ミルクとの相性がよい豆と、どちらかに寄せて焙煎するのは簡単だったそう。しかし長年乳業メーカーに勤め、ミルクに愛情をもつ元明さんならではのこだわりがあった。

ひたすらランダムに試作をしては検証、という地道な努力を重ね、温度や時間などの焙煎プロファイルを作成。これならと自信を持てるまでに、４年の歳月がかかった。

満を持して、アトリエからほど近い現場所に店舗をオープン。メインは豆売りで、店内でのハンドドリップコーヒーは試飲的な位置づけで１杯３５０円からとリーズナブルだ。常連客や焙煎豆の卸先も増えつつあるが、さらに販売先を広げる努力の途上にある。

「焙煎家としては遅いスタートですし、軌道に乗るまで時間がかかると覚悟はしています。コーヒーの持つ可能性を残らず紹介したい、飲むと身体が喜ぶようなコーヒーを提供したい。そういう純粋な気持ちで続けるのみです」そう話す元明さんの顔は、晴れやかだ。

ミルクと砂糖を加えても、そのまま飲んでも。この店では飲み方のルールや産地の知識なんて、気にしなくていい。どんな人でも「コーヒーという木の実の風味」をただ楽しめるよう、研究者肌のオーナーが奥の奥まで考えているのだから。

店の前は保育園、斜め前には小学校という子どもの声が聞こえるエリアに立地。

豆売り用のパッケージは、あらゆるところから取り寄せ、風味が長持ちするものを選んだ。ロゴマークやパッケージデザインは加織さんが担当。ロゴマークは「世界に通用するものを」という元明さんからのリクエストを受けての制作。

LIMENAS COFFEE

埼玉県所沢市日吉町6-7
所沢駅から徒歩5分 ＊2019年4月左記に移転予定
本文の写真と下記坪数などのデータは移転前のもの

坪数：7.5坪　席数：8席
施工会社：アーキネットデザイン（設計はオーナー）
開業：2016年9月

facebook: @limenascoffee
instagram: @limenascoffee

価格はすべて税込み

同級生とはじめた、毎日に寄り添うカフェ

東京都渋谷区

Dear All

ディア オール

オーナー
峰村《みねむら》 命《めい》さん 星《ほし》 祐太朗《ゆうたろう》さん

白い壁とコンクリートの床に、ストライプ模様をつくる長野のヒノキ材。テーブルに飾られたグリーンが色味を添える。デザイナーとともにつくりあげた店は、すっきりと洗練された雰囲気だ。

『ディアオール』を営むのは、中学からの同級生という峰村命さんと星祐太朗さん。ふたりの地元、渋谷区での開業を選んだ。

駅に近い大通り沿いという立地から、通勤通学の途中にテイクアウトするお客も多い。待たせないよう「あうん」の呼吸でふたりがテキパキと働く姿は、見ていて気持ちがよい。

最初にコーヒーに目覚めたのは、峰村さんだった。

「卒業後は大手のカフェで働いていました。好きな仕事でしたが、ちょっと疲れてしまい、職場へ行けなかった時期があったんです。そんな時、たまたま入ったカフェで飲んだコーヒーが衝撃的なおいしさで…。飲んだ途端、明日から仕事に戻ろう、コーヒーを学ぼうと、気持ちがパッと切り替わりました」。

人生を変えたとも言えるその一杯は、バリスタが淹れたスペシャルティコーヒー。これまで飲んできたコーヒーとは、全く異なる風味だった。すぐにコーヒー道具一式を買い揃え研究するうち、もっと深く関わりたいと都内のスペシャルティコーヒー専門店で働くようになる。

抽出方法や素材によって変わる味。自分の淹れた1杯でお客を笑顔にできる喜び。コーヒーは知るほどにおもしろく、この先もずっと探究心を持って取り組めるテーマだと確信した。

「居心地のよい空間、心地よいサービス、しっかりした技術。それらが備わった、誰かの生活に寄り添えるカフェを作りたい」。

1人でできることに限界がある。誰か信頼できるパートナーが必要だ。頭に浮かんだのは、13歳からの親友、星さんだった。

「僕は昔から洋服が好きで、アパレル関係で働いていました。峰村の影響でコーヒーにも興味を持ちはじめていたし、いつか自分で何

ゆったりとした配置で、ベビーカーごと入れる。目の前は甲州街道、その上は高速道路という、車通りの多い賑やかな立地。ドアを開けた途端、静かで落ち着いた空間が広がる、そのギャップも魅力だ。この辺りが地元のふたりは「西新宿のビル群を見ると落ち着く」そうだ。

店に並べる雑誌も、インテリアのひとつ。

大きなシマトネリコの樹が印象的。アプローチには、宮城県石巻市の雄勝石タイルを使用。ショップサインは、峰村さんが描いた文字を元に、針金作家に制作してもらった。

フィルターコーヒー550円。230ml抽出するので、サーバーごと提供し、お客の目の前でサーブする。約2杯分あるのがうれしい。ハンドドリップは、『カリタ』の銅製ウェーブドリッパーを使用。

menu

『シングル オー ジャパン』と、『スイッチコーヒートーキョー』から仕入れた豆を使用。コーヒーメニューはカプチーノ、アイスラテ、アメリカーノ、ハンドドリップコーヒーと、シンプルな構成。近くのパン屋やお菓子店から仕入れる軽食も用意する。

リンゴのタルト470円。代田橋にあるお菓子店『KITIN』から仕入れる。（シーズンで変わる）

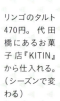

かをやりたいと思っていたので、迷わずに引き受けました」と話す星さん。

その横で峰村さんは「僕が苦手な経理も、星は得意。センスも波長も合うし、思ったことをストレートに言える間柄。それに、見た目通りすごく優しい男です」と紹介する。

当初は2年後の開業を予定していたが、スムーズに事が運び、1年後の2016年6月に『ディアオール』はオープンした。建築家と細部まで詰めてつくりあげた、理想の空間。扱う豆は、もちろんスペシャルティコーヒーのみ。30歳を目前に、「やってやるぞ」という強い意気込みでのぞんだ。

しかし最初こそ友人や関係者が来店して賑わったものの、ほどなくして客足は激減。真夏の暑さも、ニューオープンのコーヒー店には不利だった。その時のことは「厳しい時期でした。ひとつひとつをより丁寧に、地道に努力する。僕らにはそれしかありませんでした」と振り返る。

レストラン並のサービスを心掛けたり、メニューを検討し直したり、ドリッパーやカップを入れ替えてレシピを練り直したりと、できる限りのことをした。

少しずつ口コミが広がり、常連客が増えたのは、2年目に入る頃。そして気付けば、客足の途切れない店になっていた。海外からゲストバリスタとして招待されたり、企業のコーヒーセミナー講師を勤めたりと、活動の幅も広がった。

「1回でもおいしくないコーヒーを出したら、2度と来てもらえない。失敗が許されない仕事だから、集中力が必要です。最近は忙しくなり、以前のようなきめ細かな接客ができず、初期から支えてくれた常連さんに申し訳なくて…。その分心を込めて淹れるのはもちろん、来てくれたら必ず何度もお礼を伝えるようにしています」。峰村さんの言葉に、大きく頷く星さん。手渡す一杯から、きっと彼らの熱い気持ちは伝わっているはず。

「毎日が楽しい」と真っ直ぐに話すふたりの姿は眩しく、コーヒーを一層おいしく感じさせてくれるのだった。

LEDライトが効果的に使われている。

Dear All

東京都渋谷区笹塚1-59-5
笹塚駅から徒歩3分

坪数：12坪
席数：16席
設計施工：スタジオドーナツ
開業：2016年6月

www.dearalltokyo.com

価格はすべて税込み

時間がつくる、
特別な一杯

埼玉県秩父市

珈琲とカレーの店
CARNET

コーヒーとカレーのみせ カルネ

オーナー
小川《おがわ》 雄大《ゆうた》さん 智容《ちひろ》さん

数年間専用の倉庫で寝かせた「オールドビーンズ」をネルドリップでまとめて抽出し、30分ほどおいて風味をなじませてから、オーダー毎に温め直して提供する。時間と手間をかけた一杯はまろやかな風味が特徴だ。

「生豆の鮮度を重視する今の流れとは真逆かもしれません。だからこそこういうコーヒーの存在を知ってほしいし、価値観を大切にしたい」と静かに語る、オーナーの小川さん。

ヨーロッパの古い家具や食器で彩られた店内と、窓からのぞむ秩父の懐かしい町並みは、訪れる人の心を穏やかに整えてくれる。

学生時代からカフェ巡りがデートの定番だったふたり。妻の智容さんは大学のゼミでカフェをテーマに研究したり、期間限定のカフェを営んだりしていて、いつかは自分の店をもつことが夢だった。

一方夫の雄大さんは卒業後テレビの制作会社に入り、骨董品を鑑定する番組の制作にたずさわる中で、古い物に魅了される。

結婚を考えるタイミングで自然と一緒に店をやろうという流れになり、30歳での開業を目指しそれぞれ別の店で修業をはじめる。

「僕が入ったのは、空間造りも淹れ方も全てにおいて職人気質が感じられる、老舗の喫茶店。オーナーからはコーヒーについてはもちろん、考え方や店の空気を維持する大切さなどを学びました」。

そして目標の年齢で智容さんの地元、埼玉県の秩父で物件を見つけ、雄大さんの修業先のスタイルを受け継ぐ店をオープンする。

「独特の淹れ方に興味をもってもらえ、お客さんとのコミュニケーションにつながることも多いです。ただ、まとめて抽出して後から温め直すのは効率化のため、と誤解されることもあります。時間をおくことでブレンドされた豆の個性がつながり、まろやかな味になるということを伝えたい」と真剣な面持ちで話す雄大さんの横で、智容さんは「普段コーヒーは飲まないけれどここのは別と言っても

ガラス張りで開放感のある外観。

秩父駅から続くメイン通りを、1本入った路地に同店はある。レトロな建物を眺めながら歩くのも楽しい。

イギリスの老舗家具メーカー『アーコール社』のビンテージ家具が多い。

menu

オ・レ・グラッセ650円。シロップを加えた牛乳に水出しコーヒーを注いだ、見た目も美しい1杯。

コーヒーは雄大さんが、カレーは智容さんが担当。コーヒーは国立市にある『カイルアコーヒー』から仕入れたエイジングされた豆を使用する。自家製のコーヒーリキュールなども揃える。

2種類盛りカレー900円。酸味の効いたポークビンダルーと、鶏ひき肉を使用したチキンキーマの盛り合わせ。

らえたり、クセになると通ってくれる方も多いんですよ」と明るく続ける。

長い付き合いだが、店をはじめてから気付いた部分もある。

「お互いのセンスや感覚が近いと思っていたけれど、器の選び方やサーブ方法など些細なことで意見が合わず、オープン当初は無言の戦いが続きました」と振り返る。

ずっと一緒でリセットができないのも一因と、休日は別行動にして適度な距離感を保ったり、雄大さんの研究熱心なところや智容さんの人懐っこさを長所として尊重しあうことで、公私のパートナーとして絆が深まった。

今は周囲からもおしどり夫婦と言われ、ふたりとのおしゃべりを楽しみに通う、地元の常連客も多い。

『秩父夜祭』がユネスコの無形文化遺産に登録されたこともあり、週末は観光客で賑わうが、平日はごく静か。小さな町ながらアーティストが多く、彼らが店で出会いイベントが生まれることもしばしばだとか。

「地元の人の日常に寄り添いながら、人と人をつなげてコーヒーを中心とした文化を発信する場になれたらと思っています。そのためには毎日手を抜かず、地道にやっていくだけです」。

よい環境のもと寝かせたコーヒーのように、秩父の町と人によって『カルネ』は熟成され、時と共に一層深みを増していく。

インテリアのアクセントとなっているのが、木の年輪をはめたタイル貼りの壁。無垢材を使用しているので、1枚ずつ模様が異なり、見飽きない。

アンティーク店やwebショップで一客ずつ選んだカップは、北欧のビンテージが多い。「その人に似合うカップを選んでいます。すてきなカップで出てきたらうれしいだろうし、よりおいしく感じるだろうから」。

珈琲とカレーの店 CARNET
埼玉県秩父市番場町18-7
西武秩父駅から徒歩5分

坪数：16坪　席数：21席
設計：HEO AND SHIBANO ARCHITECTS
施工：WAPLUS
開業：2015年2月

carnet-chichibu.com

価格はすべて税込み

コーヒー愛の詰まった、ロースタリーカフェ

神奈川県横浜市

TERA COFFEE and ROASTER

テラ コーヒー アンド ロースター

オーナー
寺嶋《てらしま》 典孝《のりたか》さん

毎朝、会社や学校に向かう人たちを元気づけるように漂う、コーヒーの香り。駅からすぐの場所にある『テラコーヒー大倉山店』は、スペシャルティコーヒー専門の自家焙煎店。同じ沿線にある白楽店が2004年にオープンした1号店で、大倉山店はその8年後にオープンした。

こぢんまりとしたスペースの中には、種類豊富に取り揃えたコーヒー豆と自家製デザート、オリジナルデザインの雑貨、コーヒーグッズなどがぎっしりと並び、「選ぶ楽しさ」で溢れている。試飲しながらじっくり豆を吟味できるスタイルも人気で、地元客の憩いの場として定着している。

オーナーの寺嶋典孝さんは、父親の真似をして子供の頃から毎日飲んでいたという、筋金入りのコーヒー好き。高校生になると喫茶店巡りに夢中になり、将来は自分でも店を持ちたいと思うようになった。

「資金がなければはじまらないと大学卒業後は就職しましたが、休日はコーヒーセミナーや製菓学校に通ったり、書籍を読みあさったりと、開業準備を着々と進めていました」。

飲食業界の人脈を広げ、知人のカフェオーナーと共にコーヒー産地を訪れるなど、知識も経験も深めた。勤め先には何の不満もなかったが、入社12年目に迷いなく退社。開業の夢を実現させる。

1号店の白楽店も、駅からすぐの好立地。スペシャルティの新豆を丁寧に焙煎したコーヒーには自信がある。成功のイメージしかなかったという寺嶋さんだったが、すぐにその考えは甘かったと思い知る。

「集客ができず、2年は厳しい状態が続きました。豆のセールをすれば一時的に売上はたつのでしょうが、クオリティーを保つためにもそれはやりたくなかった。どうしたらお客さまに喜んでもらえるのか、店に通ってもらえるのか。そこからが、本当の戦いでしたね」。

お金では買えない、キラリと光る個性をまとうこと。それを目標に、思いつく限りを試した。

店内の掃除を徹底する、焙煎や抽出のクオ

駅からすぐの場所。落ち着いた、スタイリッシュな外観。

「プロバット」の12kg釜を使用。深煎りのやわらかな香味を出し、スモーキーにならないよう、適宜煙を抜きながら焙煎する。

ケーキはコーヒーに合うシンプルな焼き菓子が約20種類。テイクアウトも可。代官山『イル・プル・シュル・ラ・セーヌ』で3年間製菓を学んだ寺嶋さんが、レシピを作る。

ずらりと並ぶ、自家焙煎豆。これまで訪れた産地は10ヵ所。いつか自分で見いだした生産者の豆を、ワンコンテナ仕入れるのが、今の夢だそう。

menu

中深煎りから深煎りを中心に、ニュークロップのスペシャルティコーヒー豆を30種類前後揃える。店に入ってきたお客には、その日のおすすめをまず試飲してもらい、それを基準に好みのコーヒーを一緒に選ぶ。

タルトタタン430円。酸味のある紅玉を使い、ラム酒で香りをプラス。星型の個性的な皿は、開業時に憧れの作家にオーダーしたもの。

カフェ・オレMサイズ550円。濃い目に淹れたコーヒーと温めた牛乳を等倍で合わせる。

リティーをさらに磨く、豆の種類を増やす、ドリップ講座を開く、といったことから、手書きだったラベルをプロに発注する、オリジナルデザインのグッズを作成する、オープン記念日にはプレゼントを用意するといったブランディングまで行った。

　時間も資金も余裕はないが、何もアクションをしなければ終わってしまう。その一心で、産地訪問も決行。

「店を持つ前に行った時とは感じ方が全く違って、生産者との信頼関係が生まれました。彼らが大切に育てたコーヒーを、ストーリーも含めてきちんとお客さまに届け、売らなければいけない。自分にはその使命があると思いました」。

　帰国後は、産地の紹介を掲載したフリーペーパーを配り、お客にも積極的に現地の様子を話した。

　毎日手を抜かずに、コツコツと。気付いたときにはいつの間にか常連客が増え、経営も安定していた。これまでの5kg釜ではまかないきれず、12kg釜が置ける大倉山店をオープンした。

　独立してから14年。たった1人ではじめた店は、現在8名のスタッフで切り盛りしている。

「自分にはコーヒーしかない。その気持ちで、諦めずに続けてきました。よいコーヒーをきちんとした状態で提供し、お客さまに満足してもらう。基本理念はずっと変わっていません。毎朝コーヒーと向き合ってローストしながら、これを仕事にできて本当に幸せだと思うのです」。

　そう語る寺嶋さんの笑顔は、とてもやさしい。コーヒーが好き、自分の仕事が誇り。そのまっすぐな気持ちこそが、『テラコーヒー』をキラリと輝かせ、人を呼び寄せるのだ。

帆布のトートバッグやミニタオルなど、オリジナルグッズの一部。店のロゴマークの、コーヒー豆をデフォルメしたカエルがポイント。

オリジナルで作成した、コーヒーのラベルシールや、テイクアウト袋。ブランド感が出て、ギフトにも好評だ。

TERA COFFEE and ROASTER 大倉山店
神奈川県横浜市北区大倉山1丁目3-20
大倉山駅から徒歩30秒

坪数：14坪
席数：6席
設計・施工：レアジェム
開業：2012年6月

teracoffee.jp

その先を伝える、〝善い〟コーヒーを目指して

東京都墨田区

SUNSHINE STATE ESPRESSO

サンシャイン ステイト エスプレッソ

オーナー
杉内《すぎうら》 滋《しげる》（ホゼ）さん

扉を開けると目に入る、壁一面にすき間なく描かれた、花や鳥の鮮やかなイラスト。そのハッピーな雰囲気は、オーナーである杉内さん夫妻にぴったりと当てはまる。周囲からホゼさん、まーちゃんと呼ばれるふたりに会いに、毎日通うお客が多い。朝は「いってらっしゃい」と送り出され、夕方以降は「お帰りなさい」と迎えられる、常連客にとって心を休める場所となっている。

高校時代から喫茶店に足繁く通い、大学ではカフェでアルバイトをするなど、昔から「コーヒーのある空間」が大好きだったというホゼさん。卒業後はIT企業に就職したが、いずれは自らの手で何かを作る仕事をはじめたい、と考えていた。

生活できるだけの利益が出ること。ずっと「好き」でいられること。生産から消費まで、関わる全ての人に幸せの輪を広げられること。

その条件を満たしたのが、コーヒー屋だった。

40歳での独立を見据え、会社員生活と平行してコーヒーの勉強に励んだ。書籍などで知識を学ぶのはもちろん、特に力を入れたのがカッピングの訓練。「豆の目利き」をきちんとできることがコーヒー屋の基本だと考えたからだ。

「様々なカッピングやセミナーに参加しましたが、最初の頃は間違えてばかりで、たくさん恥もかきました。けれど業界の先輩方とつながりを持て、多くを教えてもらえたことが財産になっています」。

教わったことや自分で調べたこと、体験したことを、SNS上で「ホゼ」というハンドルネームで発信。明るいキャラクターと具体的で分かりやすい内容が人気となり、開業前からファンがついた。

2010年、自宅のある茨城県で、スペシャルティコーヒーに特化したエスプレッソカフェをはじめる。店舗に比べて初期投資が少なくてすむ移動販売車でのスタートだったが、SNSの読者が他県からも多く訪れ、すぐに軌道にのった。

「移動販売は固定費が少ないので利益率も高

ポルタフィルタから大きな木が育っている店のロゴは、ホゼさんのデザイン。コーヒー豆は100g800円、200g1500円と、量を買うほどお得になる（特別な豆は除く）。豆を購入すると、ロングブラックコーヒーが1杯サービスに。また、持ち帰り用の缶などを持参すると、30円のエコ割がある。

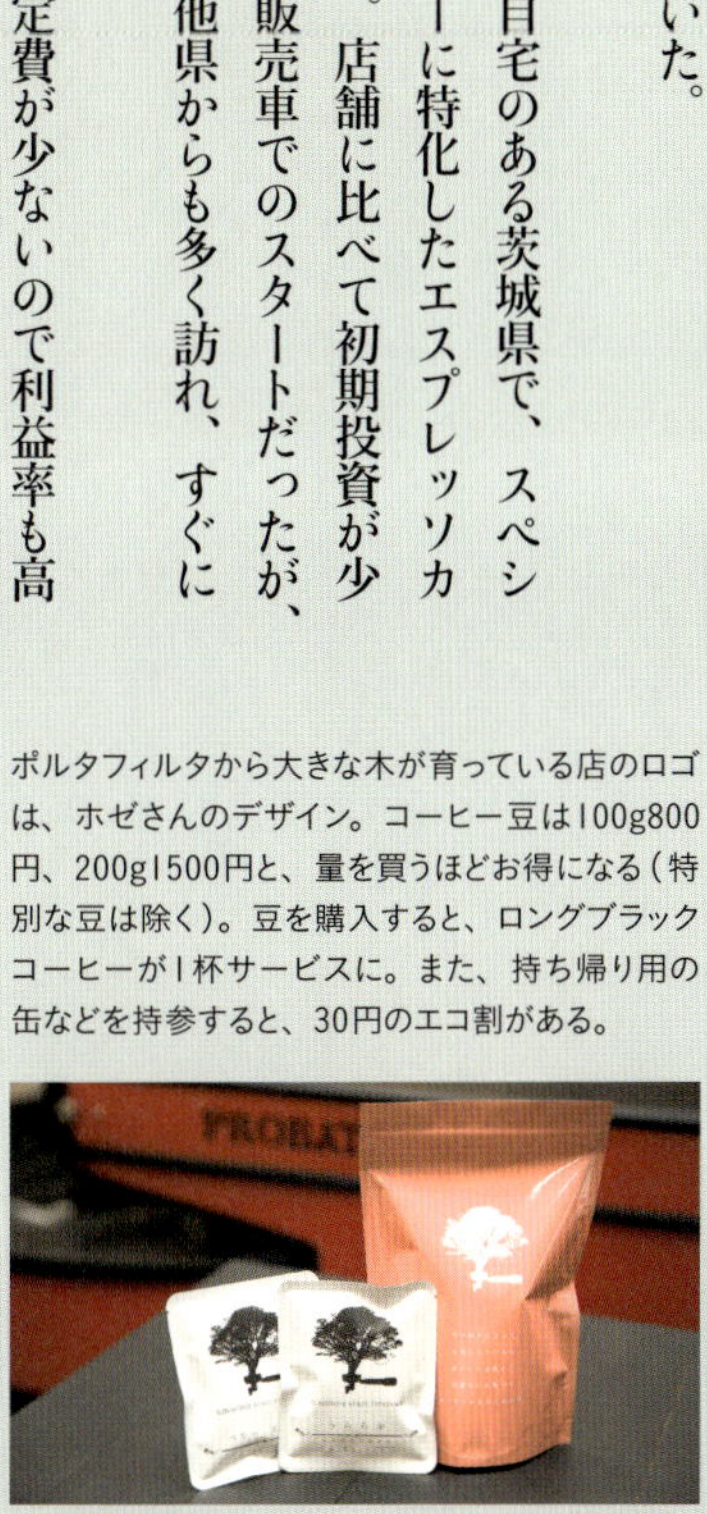

テラス席はペットも可。通勤中の会社員、幼稚園帰りのママ友、散歩途中の老人と、地元の常連客が多い。

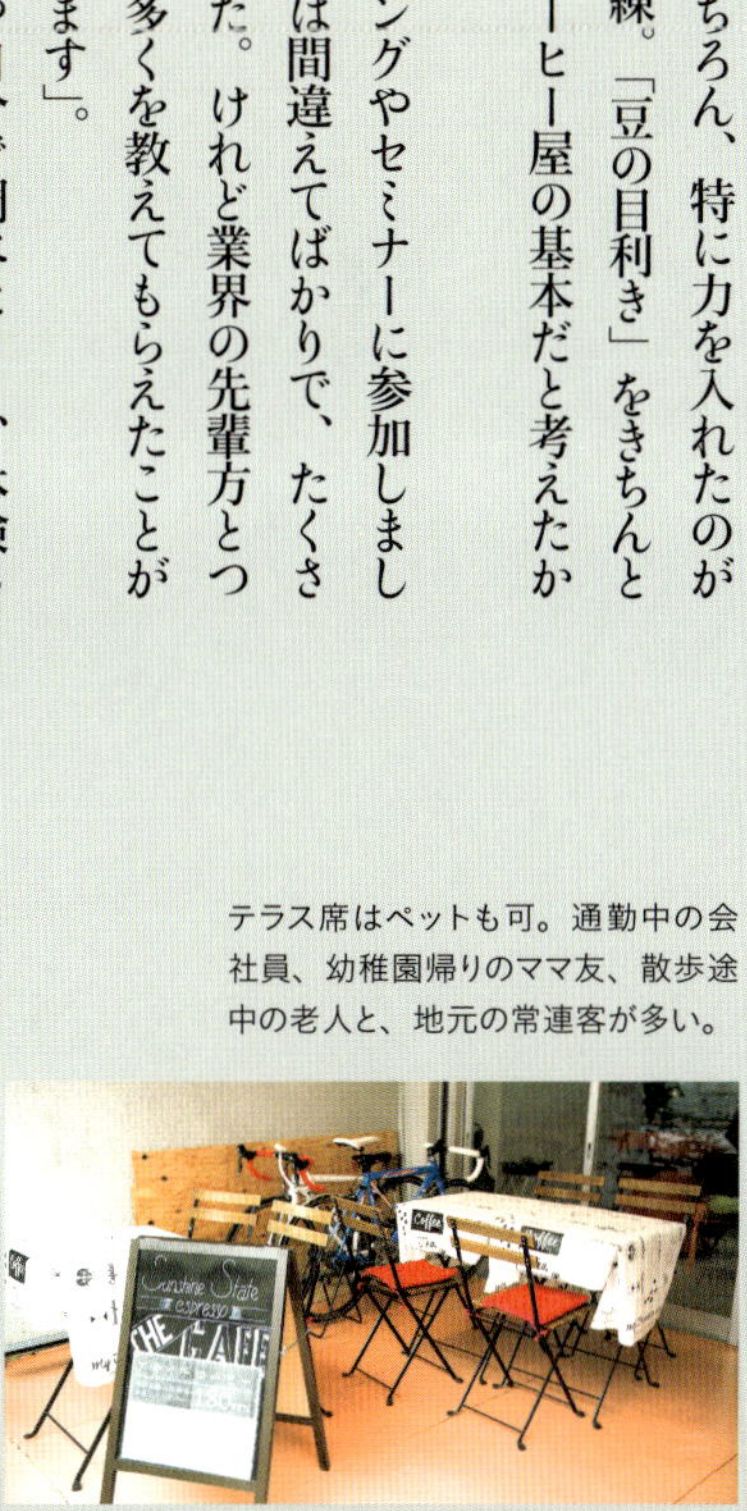

友人のアーティストLakitschさんに描いてもらった壁画。やさしいタッチからは「コーヒーのある幸せを伝えたい」というホゼさんのメッセージが伝わってくる。

2年前から地元のフットサルチームのスポンサーに就任。チームのメンバーやファンが集まり、地域の交流の場となっている。

カフェラテ520円。時間のある時は、くまなどのラテアートも対応可。

menu

エスプレッソがメイン。ロングブラック、フラットホワイト、ロングマキアートなど、オセアニアスタイルのメニュー構成。フード類はないが、店内で焼くマフィンやクッキーといったカジュアルな菓子が揃う。

お菓子は妻の正子さん(まーちゃん)のお手製。テイクアウトも可。

く、身軽で自由。お客さんとの距離も近くて毎日楽しかった。けれど東日本大震災で被災したことをきっかけに、〝善い〟商売をするには、店舗を構えて社会とお客さんへの責任をきちんと背負う必要がある、と感じました」。

そして開業から2年半後、東京・墨田区の物件を見つける。今でこそ「コーヒーの街」として多くのカフェが建ち並ぶエリアだが、当時はまだ下町情緒が残り、賃料も茨城県の中心地とあまり変わらなかったそう。

店舗には2.5kgの焙煎機を導入。経営は順調で、豆の販売は毎年100kgずつ増え、ジャパンハンドドリップチャンピオンシップでの審査員や、カフェスクールでの講師など、下の世代に伝える立場になった。

経験を積んだ今だからこそ思うのは、コーヒーを通じて世の中をもう少しよくしたい、ということ。コーヒーに携わるプロとして、何ができるのか。仕組みや現状を深く理解せねばと、2年前から大学の通信教育で経済を学びはじめた。

「生産から消費までの構造を変えなければ、この業界は将来的に行き詰まるという危機感があります。高品質なコーヒーには相応の対価を支払うべきだし、飲み手にはその1杯が誰かの生活を支えることをきちんと伝えなければいけない。できる範囲から少しずつ変えていきたい」。

そのひとつとして、同店の豆は、ブラジルやエチオピアといった国の名前ではなく、それぞれに生産者の名前が付けられている。豆のバックグラウンドを知れば、よりおいしく感じてもらえるはず、と語る。

「人生を賭けてはじめた仕事。48歳の自分にできることは、まだまだたくさんある」。

コーヒーを愛する全ての人の幸せを目指し、ホゼさんの挑戦はこれからも続く。

「豆は3年目から売れるから、最初は売れなくても我慢しなさい」と多くの業界の先輩から言われていたが、実際にその通りだったそう。焙煎量は右肩上がりで、つい最近、焙煎機を2.5kgから12kgに替えた。

豆は常時10種類以上のシングルオリジン、5種類の定番ブレンドが揃う。ブレンドは「おんふり」（ゆっくりふんわりした気分の時に飲むコーヒー）、「みずすむ」（水が澄むような透明感のあるコーヒー）といった、興味をそそられるネーミングだ。

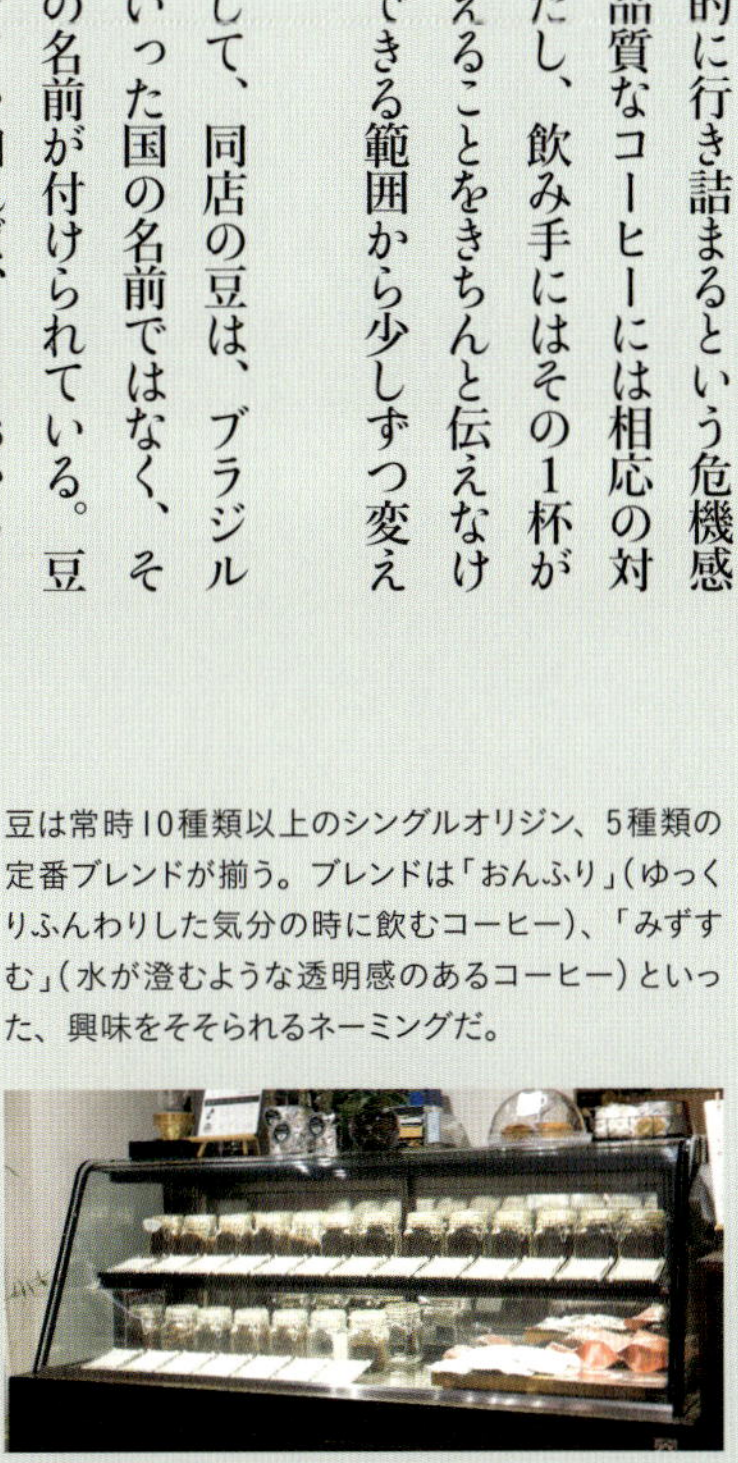

SUNSHINE STATE ESPRESSO

東京都墨田区本所1-34-7
蔵前駅から徒歩４分

坪数：12坪
席数：10席（テラス6席）
設計施工：セルフリノベーション
開業：2010年2月

sunshinestateespresso.com

価格はすべて税込み

生豆の個性を生かす、焙煎士

神奈川県川崎市

Mui

ムイ

オーナー

大沢《おおさわ》 征史《まさふみ》さん

コーヒーグッズが並ぶカウンターの中央には洋酒の瓶が、その奥にはお猪口やワイングラスが見える。ここはイタリアのバールをきっかけにコーヒーに興味をもった、大沢征史さんの店。

イタリアには料理学校に通っている時、研修で訪れた。マニュアルにとらわれないサービス、地元の人が毎日通いたくなる空間、おいしいコーヒーにとっておきのアルコール。こんな自由な場所をつくれたらと憧れたものの、当時日本にはそういう文化が定着しておらず、難しいだろうと諦めた。

それでもコーヒーと向き合いたいという気持ちを抑えきれず、コーヒーロースターの『堀口珈琲』に入社。周りのレベルに必死にくらいつき、1年後には店のメインともいえる焙煎担当になる。

異例のスピードでの抜擢だが、「これまでの知識が生きたのかもしれないが、良い指導者が常にきちんとゴールを示してくれたおかげ」と謙虚に受け取り、そこで8年間経験を積む。

独立後の場所に選んだのは、生活にゆとりがあり、価格よりも価値で評価する人が多いと感じた東急東横線の元住吉。読みは当たり、駅から離れた住宅街ながらすぐに常連客がつき、経営は軌道にのった。自信がついた大沢さんは開業から2年後、ステップアップのため、中心地に近く敷地面積も倍の広さの物件へ移転を決める。

結果、客数と売上が伸びたほか、デパートの催事販売に招待されたり、セミナー講師やカフェのディレクションを依頼されたりと仕事の幅もグッと広がった。

『Mui』は、「無為を為す」という思想からとった店名。

「あえて『やらない』を選択することは、私の考える焙煎と重なります。焙煎は味をプラスするのではなく、豆の個性を100%生か

ガラス張りの扉で、開放感がある。客層は30～50代の女性がメイン。自分の好みをしっかり持つこの層に支持されることが、店を長く続けるコツだそう。

中央にはお酒の瓶が並ぶカウンター席で、常連客はスタッフとの会話を楽しむ。「今後はシードルやビーントゥーバーチョコレートなど、生活がちょっと豊かになるようなものを扱いたい」と目を輝かせる大沢さん。

menu

カフェラテ（Mサイズ）500円。テイクアウトは100円引きになる。マグカップはアラビアのもの。

自家焙煎コーヒーと、店内で製造する『kamukana《カムカナ》』のお菓子。豆は約20種類を揃え、毎月何種類かが入れ替わる。取り扱うのは生産者と品種が分かっている生豆のみ。

グレープフルーツとピスタチオのヴェリーヌ400円。お菓子を担当するのは、料理学校で製菓職員を務めた経験をもつ山下さん。しっかりした技術で作られたお菓子は、ギフトにも人気。

すこと。焙煎士はあくまでも黒子で、評価されるのはコーヒー豆の生産者なのです」。

おいしいごはんはよい米を買うことからはじめるはず。コーヒーも同様に、抽出方法云々よりも品質のよい豆を選ぶことが先決、というのが大沢さんの持論だ。

その考えに共感して、焙煎や開業の教えを請いに来る人も多い。

「時間をかけずに習得したいという方も多いのですが、経験と実績がなければ失敗しても原因が分からないし、プロとしての対処ができない。当たり前のことを積み重ねていくことの大切さを理解すべき」とアドバイスする。

「うちの常連になるのは、食への意識が高く、好奇心旺盛な方。一人一人と向き合ってコミュニケーションをするので、お客さんと一緒にレストランへ行くこともありますし、お客さん同士が仲良くなることも多いです」。

コーヒーに自信があるからこそ、お客との信頼関係があるからこそ、カフェの枠にとらわれずワインや日本酒などを店に並べられる。

ここに来れば、いつもおいしいコーヒーと楽しいことが待っている。10代の頃に憧れたイタリアのバールのように、今の『Mui』はきっと誰かの新しい一歩を踏み出すきっかけになっているはずだ。

オランダの職人がつくる鋳物の焙煎機『ギーセン』を使用。客席からもよく見える場所に設置してあり、焙煎時の香りも伝わる。

ハンドピックはどんな豆でも必ず行う。

Mui
神奈川県川崎市中原区木月3-13-2
元住吉駅から徒歩6分
坪数：24坪　席数：21席
設計：井田耕市氏
施工：design1108
開業：2013年5月(移転は2015年7月)
www.mui-motosumi.co.jp

『kamukana』は「お菓子は甘いからこそ、おいしい」がコンセプト。パウンドケーキやマドレーヌなど、トラディショナルな焼き菓子が中心。

価格はすべて税別

コーヒーに関する用語は、日々更新されています
数ある中から、使用頻度が高い用語を選んでご紹介します

コーヒー用語集

ア

浅煎り
焙煎度合い。ライトロースト、シナモンローストとある。

アシディティ
コーヒーの酸味評価。一般的に、柑橘系のフルーティーな酸味はプラス評価、発酵したようなサワーテイストはマイナス評価になる。

アフターテイスト
コーヒーを口に含んだ後や、飲み終えた後に感じる、甘味・苦み・渋み・酸味などの評価。

アラビカ種
コーヒーの木の２大品種のひとつ。病虫害を受けやすいなど栽培条件は厳しいが、香味は豊か。もう1種はロブスタ種。

イブリック
トルコ式コーヒーを淹れるときの器具。長い柄がついた、ひしゃく型の小鍋。

煎り止め
焙煎を終了するタイミングのこと。ドラム（釜）から取り出し、急速冷却するまでを含める。

SCAA
アメリカスペシャルティコーヒー協会。1982年にスペシャルティコーヒーの共通基準を作るために関係者が集まってできた会が発端。

SCAJ
日本スペシャルティコーヒー協会。日本におけるスペシャルティコーヒーの啓蒙・消費増大などを目的に、2003年に設立された。

オールドクロップ
収穫から2年以上経過した生豆のこと。

オールドビーンズ
生豆を数年間、一定の条件下に保管したもの。

カ

カッパー
カッピングの際、テイスティングをする人のこと。

カッピング
コーヒーの品質を評価する、テイスティング作業のこと。

カフェインレスコーヒー
90%以上カフェインを除去したコーヒー。

カレントクロップ
次の年の収穫時期が迫っている頃の生豆のこと。

樹上完熟豆
樹上で完熟させてから収穫した豆。従来の自然乾燥に比べ、熟度のばらつきがなく、精製したときに乾燥ムラがない。

Qグレーダー
SCAAが定めた基準・手順により、品質を評価できると認定された技能者を指す。

グラインダー
ミルとも呼ぶ。豆を挽く器具のこと。

クリーンカップ
カップの透明度の評価項目。透明感がなく濁っているコーヒーは、香味もよくないとされる。

クレマ
エスプレッソの表面にできる、きめ細かな泡の層を指す。

ゲイシャ
エチオピアのゲシャ地区発祥の品種。パナマから世界に知られるようになり、高値で取引されている。

欠点豆
黒豆やカビ豆、貝殻豆などの豆。ほんの一部混入するだけでコーヒーの香味に影響してしまう。

コーヒーチェリー
コーヒーの実のこと。コーヒーの実は熟すと赤くなり、色と形がさくらんぼに似ていることが由来。

コーヒーベリー
コーヒーの実の赤い皮と果肉部分のこと。抗酸化力が高く、健康飲料やサプリなどに使われる。

コールドブリュー
水でゆっくりと抽出したコーヒーのこと。香りが豊かでクリアな味が特長。

サ

サードウェーブ
第3のコーヒー。大規模コーヒーチェーンでは扱えない希少豆を、その特性に合わせて焙煎し、ハンドドリップで提供しようという動き。

直火式焙煎機
生豆に熱量を加えるドラムに網目状の穴が開いており、その下からバーナーの炎を当てて焙煎する方式。

シルバースキン
コーヒー果実の種子をおおう、薄い皮のこと。

シングルオリジン
ブレンドしていない、単一農園のコーヒーのこと。豆の個性をしっかり味わえる。

スクリーン
コーヒー豆の大きさを示すサイズのこと。豆のセンターカットをはさんだ幅を測定する。

スペシャルティコーヒー
実際に味わったときの風味でおいしさを評価し、生産地とのつながりを見直そうという動きから生まれた概念。品質の高さはもちろん、トレーサビリティ、サスティナビリティなども重視される。

スラッピング
カッピング時に、コーヒーを口に含むときの吸い方のこと。口の中に広がるよう、空気と共に勢いよく吸い込む。

セカンドウェーブ
1970年代にスターバックスがアメリカ・シアトルで開業し、深煎りのコーヒーや、エスプレッソをベースにしたカフェラテなどで人気を博した。

タ

タンパー
エスプレッソを抽出する際、フィルターにコーヒー粉を押し固めるのに使う器具。

タンピング
エスプレッソを抽出する際、フィルターにコーヒー粉を押し固める作業のこと。

チャフ
焙煎時にはがれ落ちたシルバースキンのこと。

中煎り
焙煎度合い。ミディアムロースト、ハイローストとある。

手摘み
機械を使わずに、手でコーヒーの実を摘み取ること。完熟したものだけを収穫できる。

ナ

ナチュラル
収穫したコーヒーの果実を天日乾燥させてから脱穀し、生豆をとり出す精選方法。

ニュークロップ
収穫されて1年未満の生豆のこと。

認証コーヒー
環境配慮、自然保護、生産者支援などの目的により、非営利団体や第三者機関が一定の査定方法にのっとって評価した、コーヒーのこと。

熱風式焙煎機
高温の熱風をドラム内に送り込み、焙煎する方式。大量焙煎に向いている。

ハ

パーストクロップ

前年度に収穫した生豆のこと。

ハゼ

コーヒー豆を焙煎する時に、パチッと爆ぜる現象のことを指す。最初のハゼを１ハゼ、2回目のハゼを２ハゼと呼ぶ。

バッチ

焙煎機に生豆を投入してから焙煎終了までの作業を1バッチと呼ぶ。

バリスタ

バールでエスプレッソを淹れるプロ。コーヒーに関する深い知識と技術を持つ。

ハンドピック

生豆に混入している小石などの異物や、虫食い豆などの欠点豆を取り除く作業のこと。

ピーベリー

コーヒー豆は実の中に２つ対であるが、１つだけのものもあり、それを指す。小粒で丸い。

ファーストウェーブ

大手企業が、大量生産、大量消費のコーヒーを販売していた頃。コーヒーがポピュラーな飲み物になった。

フェアトレード認証コーヒー

農園で働く人たちのために、適正な対価が支払われているコーヒー。

深煎り

焙煎度合い。シティロースト、フルシティ、フレンチロースト、イタリアンローストとある。

マ

マウスフィール

口に含んだときの触感や質感を表現する用語。

ラ

リーファーコンテナ

冷蔵装置付きのコンテナのこと。コーヒーの生豆を運ぶ際、鮮度と品質が劣化しないよう、2000年頃から採用されはじめた。

レインフォレストアライアンス認証コーヒー

熱帯雨林や野生動物、水資源の保護といった地球環境保全を行っていると認められたコーヒー。

ローストポイント

焙煎度合いのこと。

ロブスタ種

コーヒーの木の２大品種のひとつ。アラビカ種よりも栽培しやすいが、香味は劣る。もう1種はアラビカ種。

コーヒーショップをはじめるには？

人気コーヒーショップを営むオーナーたちに、開業を目指す方、コーヒーに携わりたい方へのアドバイスを伺いました。ご自身の経験に基づいた言葉は、とてもリアル。心に響きます。

粕谷さん

PHILOCOFFEA
Roastery & Laboratory

開業を通じて何をしたいのか、明確な言葉にしておくこと。

私たちの場合は「あらゆるところにコーヒーを届ける」というのが使命です。辛い時も、どちらが前か分からなくなった時も、この言葉があれば頑張れます。

お店を始めると大変なこともありますが、初心を忘れないことが大事だと思います。

葛西さん

27 COFFEE ROASTERS

チェーンショップやコンビニ、自販機のコーヒーでは決してできない事。人の手で作る1杯のコーヒーを通した地域コミュニティが、日本にはもっと必要です。今こそ地域のお店が頑張って、ムーブメントをつくりましょう！

松原さん・平井さん

UNLIMITED COFFEE BAR TOKYO

スペシャルティコーヒーの世界は、日々進化しています。開業前はもちろん、開業後もセミナーや競技会へ参加するなどして、できる範囲で学び続けることが大切だと思います。そしておいしい味覚体験をお客さまと共に楽しめる気持ちが持てたら、すてきですね！

佐々木さん

PASSAGE COFFEE

開業する前にいくつかの現場で経験を積むこと。様々な考え方やリアルを経験して、開業に必要なもの・ことを習得していくと、幅が出るのではないでしょうか。経験を積む中で、ずっとコーヒーの仕事を楽しめているならば、ぜひ自分の店をはじめてください。

寺嶋さん

TERA
COFFEE and
ROASTER

大きな利益が出る訳でもないので、心底コーヒーが好きでないと続けられない仕事です。資金面など、経営計画をしっかり立ててから開業を目指しましょう。

林さん

ARiSE
COFFEE
ENTANGLE

信頼できる人たちと付き合い、寛容さを持って人と接する。そうすることで心身ともに元気でいられるし、長く店を続けていけるのだと思います。

燕木さん

燕木

自分の使命、つまり「仕事を通じて、どんな人にどうなってもらいたいのか」をきちんと意識することが大切だと思います。使命が明確ならば、自然とそれに合ったお客さまが集まりますし、どんな局面でも自らの行動に迷いや後悔が生じることはありません。

伝えたい人に想いが伝わっている、と感じる瞬間は、この上ない喜びと幸せです。

コーヒー店の仕事に限らず、良い仕事の先には、その仕事による受け手のあり方がしっかり考えられていると思います。

木原さん

WOODBERRY
COFFEE
ROASTERS

まずはカッピングスキルを磨くこと、そして沢山のコーヒーに触れること。また、自分のやりたいことだけではなく、お客さまが求めていることは何だろう、という視点を大切にしてください。

元明さん

LIMENAS COFFEE

お客さまが来店する度、豆や道具、抽出液の風味特徴をプレゼンテーションすることになります。誰かの受け売りではなく、実体験に基づいて話した方が、相手にしっかり伝わります。
また、生豆の生産プロセス、焙煎機、グラインダー、抽出道具などは日々バージョンアップされています。それらを取り入れつつ、多くの方に感動と満足を提供してください。

楡井さん

Café Sucré

開業はゴールではなく、新しい道へのスタートラインです。

店を続けることはとても厳しいし、努力が必要。これからがスタートだという気持ちを持ってのぞみましょう。

また、インテリアやメニューなども大切ですが、一番重要なのは「何のために店をはじめるのか」という企業理念。理念がしっかりしていれば全ての事項が自然に決まりますし、例え辛い時でも理念と向き合うことで前向きに考えられます。

私は「やっておけばよかった」という後悔は嫌なので、できる限りチャレンジしています。一歩を踏み出すには勇気が必要ですが、ぜひ、大好きなことを仕事にしてみてください。

大沢さん

Mui

良い結果を出すための近道はありません。知識や経験豊富な指導者の元でしっかり訓練を積むことが大切です。その上で“流行”や“最先端”という言葉に流されず、何事もまずは疑って自分の頭で考えることも重要。でも一番役立つのは、コーヒー以外の美味しいものを色々飲んだり食べたりする事かもしれません。

小川さん

珈琲とカレーの店 CARNET

アドバイスとは違うのですが…。カウンター席を作ったのは本当によかったです。テーブル席とは違って、お客さまとの間に特別な雰囲気と緊張感が生まれるように思います。カウンターでたまたま一緒になったお客様同士が会話をしている光景もいいですね。

こんな毎日が繰り返されることで、お店に流れる空気、文化が生まれてくるのだと感じます。

星さん

Dear All

自分達の想いを込めて店を作り、お客さまを大事にしながら、感謝を忘れず続けていくことが大切だと思います。

澤地さん

FRESCO COFFEE ROASTERS

コーヒー店にもいろいろあります。自分の目指すスタイルを見つけて、楽しみながら続けましょう。

宗島さん

Coffee Wrights

お客さま、生産者、サプライヤー、業界内の知人・友人、一緒に働く仲間。自分が好きな相手を幸せにするつもりで運営すれば、きっと素敵なお店になるでしょう。

近藤さん

FINETIME COFFEE ROASTERS

自分が目指す味が明確でないと、お客さまにも伝わりません。できるだけ多くのコーヒーをカッピングして、これと！いう味を見つけることが一番重要だと思います。

石井さん

AMAMERIA COFFEE ROASTER

お客さまに対する誠意と店のコンセプトは、起業時からずっとブレていません。これが一番大事だと思っています。その上で、やっておけばよかったと思うことは2点。

◎「何を売る店なのか」がひと目で分かる看板の設置：開業時、味だけで勝負したくて店のアピールはしなかったのですが、訴求力のある看板があれば、もっと早くから経営が安定していたでしょう。

◎初期費用に余裕を持つ：初期費用にあと10％の余裕があれば、広告を打ったり、施工中に思いついたアイデアを実行したりといろいろできたのに、と思っています。

杉内さん

SUNSHINE STATE ESPRESSO

「お金は大切」という認識をしっかり持ってください。個人商店レベルならば、無借金経営をおすすめします。その上で、店を続けていくのに大事なことは4つです。

（１）収入を支出より多くする：長期に渡って赤字が続くような、つまり運転資金が必要な計画は無謀です。きちんと利益が出る仕組みを考えてから始めましょう。

（２）初期投資費用は3年で回収する：初期投資費用を36で割った額を毎月の支出に勘定し、3年以内に回収しましょう（逆に言えば3年以内に回収できる初期投資に抑えるべき）。きちんと利益が貯蓄できないと、周辺環境やビジネスのステージに大きな変化が起きたとき、対応できません（例えば焙煎機の導入や店舗リフォーム、移転など）。

（３）廃業のリスクを意識する：個人商店では、自分の意思とは関係なく、突発的に廃業を余儀なくされる場合があります。店を閉めるにもお金が必要ですし、その後の生活費をどうするのかを考えておいた方がよいでしょう。廃業後に借金を抱え、仕事も無く、苦労している人もたくさんいます。

（４）自店の強みをきちんと考える：かっこいい店や素材にこだわった店は、どこにでもあります。上辺だけではない強みを考え、個の魅力で勝負をしましょう。

How to Drip

プロに教わる抽出技術

ハリオ「V60透過ドリッパー」

円すい型のひとつ穴。スパイルリブ。コーヒー粉の層が深くでき、湯が長く触れるため、成分がしっかり抽出される。

WOODBERRY COFFEE ROASTERS 094
PHILOCOFFEA Roastery & Laboratory 096

コーヒーを抽出する器具には、ドリッパーやプレス式、サイフォンなど多くの種類があります。ドリッパーひとつとっても、形状やリブの入り方、穴の数、材質など、バリエーションは実に様々。各店が豆との相性やメニューなどを考慮して、最適な抽出器具を選んでいます。

取材したコーヒー店に、おすすめの抽出器具を使ったドリップ法を教えてもらいました。例え同じ器具を使っても、淹れ方は店によって千差万別。だからコーヒーはおもしろいのです。

トーチ
「ドーナツドリッパー」

中心に大きなひとつ穴がある磁器ドリッパーと、ドーナツ型の木枠を組み合わせて使う。しっかり濃いけれど、すっきりとした飲み心地。

ARiSE COFFEE ENTANGLE 104

コーノ
「名門ドリッパー」

円すい型のひとつ穴。下部にのみ、短めのストレートなリブがある。旨みのみを抽出し、クリアな味に仕上がる。（写真はTERA COFFEE and ROASTERのオリジナルドリッパー）

TERA COFFEE and ROASTER 098

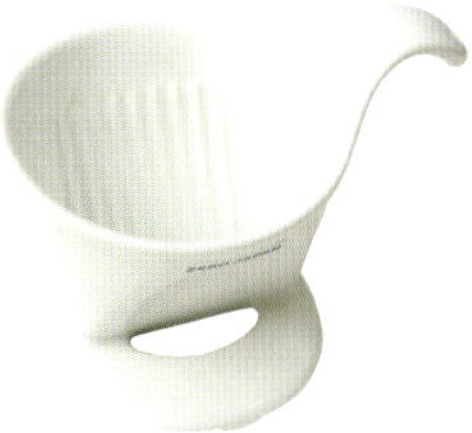

ZERO JAPAN
「コーヒードリッパー」

2つ穴。日本製、美濃焼き。リブがしっかりとあり、湯の流れがよい。受け皿部分の穴から、抽出量を確認できる。

27 COFFEE ROASTERS 106

カリタ
「ウェーブドリッパー」

3つ穴。フリルのような形のウェーブフィルターを使用する。湯が偏った場所にたまらないので、均等に抽出できる。

Coffee Wrights 100
PASSAGE COFFEE 102

「ネルフィルター」

起毛の織物”フランネル”で作られたフィルター。オイル分を適度に通すので、コクのあるコーヒーになる。

蕪木 112
珈琲とカレーの店 CARNET 114

山加商店
「ドットドリッパー」

内側にある凸型のドットと、星型の抽出口が、ドリッパーとペーパーの間に空気の出入口を作り、効率よく蒸らす。

Café Sucré 108

「サイフォン」

豆の特性が出せ、飲み手を楽しませるパフォーマンス要素も高い。熱源はビームヒーターを使用する店が多い。

SUNSHINE STATE ESPRESSO 116

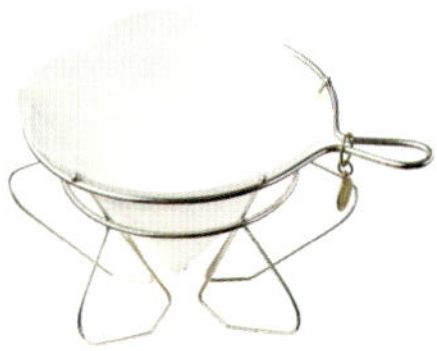

「フレームドリッパー」

ステンレスワイヤーでペーパーを支える構造で、ネルドリップのような膨らみを得られる。側面から余分な炭酸ガスが排出される。

Mui 110

リバーズ
「コーヒープレス」

簡単かつ手軽に使えるので、淹れ手による味のブレがない。コーヒーのオイル分まで余すことなく抽出する。

FRESCO COFFEE ROASTERS 122

「クレバーコーヒードリッパー」

台湾生まれのドリッパー。底面にストッパーがあり、サーバーにのせるとバルブが開く仕組み。

LIMENAS COFFEE 118

エアロビー
「エアロプレス」

空気の力を利用して抽出する、比較的新しい器具。シンプルな使い方で、手早く抽出することができる。

FINETIME COFFEE ROASTERS 124

「シルバートン」

美しいフォルムが特徴。浸漬してからペーパーフィルターで透過させ、コーヒーの特徴をダイレクトに引き出す。

UNLIMITED COFFEE BAR TOKYO 120

60gの湯を5回に分けて注ぐという、
分かりやすいレシピです。
1回に注ぐ湯量を減らして回数を増やすと、
濃くなります。

WOODBERRY COFFEE ROASTERS
木原さんに教わる

V60透過ドリッパーを使ったコーヒー

使用する豆 ケニア・ングルエリ
焙煎 浅煎り
使用豆量 注ぐ湯量300mlに対して20g

1

コーヒーは粗挽きにする。『ディティング社』のグラインダーを使用。

2

サーバーにペーパーをセットし、湯を注ぐ（リンス）。粉を入れ、表面を平らにする。

3

90度の湯を60g、中心から円を描くように注ぐ。一定のリズムで、粉を攪拌させないように気をつける。

4

そのまま30秒蒸らす。

フィルターコーヒー（ケニア）650円。生産農園など、豆の情報が記されたカードを添えての提供。たっぷり2杯分入っている。

ポット（ボナビータ）

5

再度60gの湯を注ぎ、30秒蒸らす。

6

注ぎと蒸らしをあと3回繰り返す。

7

最後の湯を注いだら、落ち切るまで待つ。湯を注ぎ始めてから落ち切るまでは、3分以内が目安。時間をかけすぎると、ネガティブな要素が出やすくなるので注意。

8

提供用のビーカーに注ぐ。

PHILOCOFFEA Roastery & Laboratory
粕谷さんに教わる

V60ドリッパー・粕谷モデル
を使った
コーヒー

「4：6メソッド*は
誰でも簡単に淹れられる」
をテーマにしています。
きちんと数字を守ること、
1回注ぐ度に落としきることを
意識して淹れてください。

使用する豆 ラダーブレンド ミディアム
（エチオピアナチュラル・コロンビア・グアテマラ）

焙煎 中煎り

使用豆量 注ぐ湯量300mlに対して20g

1

コーヒーは粗挽きにする。グラインダーは『マルケニッヒ社』のEK43を使用。

2

ドリッパーにペーパーをセットし、湯を注ぐ（リンス）。濡らしておくことでドリップ終了後もペーパーの縁が茶色くならず、見た目が美しい。

3

粉を平らに入れる。92度の湯をポットに移し、50gの湯を粉全体に行き渡るよう注ぎ、蒸らす。

4

最初の湯が全て落ちたら（この時点で約45秒）、次に70gの湯を中心から全体に注ぐ。落としきってから次を注ぐことで、味がきちんととれる。ここまでで総湯量の4割を注いだことになる。甘味と酸味が抽出されている。

ドリップ1杯500円。有田焼の特注カップ。アロマを閉じ込めるよう、ワイングラスをイメージした形。舌先で味わえるよう、飲み口はごく薄くなっている。

ミニドリップケトル・粕谷モデル（ハリオ）

＊「4:6メソッド」
総湯量の最初の4割で甘味と酸味を調整し、残りの6割で濃度を調整する、という粕谷さんが開発した抽出方法。1投ずつ味をとり、どこでどんな風味が作られるのかを分析し、開発した。『V60ドリッパー・粕谷モデル』は「4：6メソッド」が再現できる、粕谷さん監修のドリッパー。下部にリブがないため、従来のV60ドリッパーに比べて湯の落ちる速度が遅くなり、粗挽きのコーヒー粉でも、より濃度の濃い抽出ができる。

5

湯が全て落ちたら（この時点で1分30秒）、次に60gの湯を注ぐ。3投目からは勢いをつけ、水位を高くあげるようにして注ぐのがポイント。

6

同じように、湯が全て落ちたら60gを注ぐ。もう1回同じことを繰り返す。

7

全部で300gの湯を全て注ぎ終わり、全て落ちきったらドリッパーをはずす。終了時間は3分30秒が目安。抽出後のペーパーも、美しい。

8

最初に抽出したコーヒーは糖度が高いので、下に沈んでいる。全体の濃度を均一にするため、サーバーをしっかりとまわしてからカップに注ぐ。

TERA COFFEE and ROASTER
寺嶋さんに教わる

名門ドリッパーを使ったコーヒー

最初にしっかり
湯を粉に染みこませることがポイント。
一度に湯を注ぐと
ぼやけた風味になってしまうので、
注意してください。

使用する豆 深いりブレンド
焙煎 フレンチロースト
使用豆量 抽出量170mlに対してメジャースプーン2杯分(24g)

1

ドリッパーに中粗挽きにした粉を入れ、軽くふって表面を平らにならす。ミルは、フジローヤルみるっこを使用。

2

ドリッパー、サーバー、カップに湯を注ぎ、温める。

3

湯が92度になったら、低い位置から粉の中心に少量注ぐ。ゆっくりと湯を置くようなイメージで。

4

粉に湯がしっかり浸透したら、「の」の字を書くようにして湯を注ぐ。中のガスが抜けて、粉が動く。

ホットコーヒー420円。シンプルに見えるカップ&ソーサーだが、実は型から作ったオリジナル。風味をしっかり感じられるように飲み口部分は限界まで薄く、下部は保温性を高めるため厚くしてある。

銅製ポット（カリタ）

5

湯が浸透したら注ぐ、を繰り返す。コーヒー液がポタポタ抽出されてくる。湯を注ぐ時、ペーパー付近の粉にまでかけると、コーヒーの層が崩れ、エキスを充分に抽出できないので、注意する。

6

ドリッパーから抽出されるコーヒー液が、途切れず落ちるようになったら、その流れが止まらないよう調整しながら湯を注ぎ続ける。

7

定量まで抽出されたら、ドリッパーをすぐにはずす。粉の上部にたまったアクを落とさないよう、最後まで落としきらない。

8

カップに注ぎ、泡が浮いている場合はスプーンで取り除いてから提供する。

Coffee Wrights
森田さんに教わる

ウェーブドリッパーを使ったコーヒー

時間と湯量を守れば、
誰でもおいしく淹れられるのが、
このドリッパーの特徴です。

使用する豆　エチオピア・ベリッティ
焙煎　中煎り
使用豆量　抽出量220mlに対して16g

1

ドリッパーにペーパーをセットし、湯を注ぐ（リンス）。

2

ドリッパーに中粗挽きにした粉を入れ、表面を平らにならす。グラインダーは『マルケニッヒ社』のEK43を使用。

3

スケールを0にセットし、熱湯を30g注ぐ。すぐにスプーンで2、3回軽く混ぜ、湯と粉をなじませる。

4

250gになるまで湯を注ぎ続ける。抽出される量と注ぐ量が同じになるように意識する。1分50秒で湯を注ぎ終わり、2分20秒で湯が落ちきるのが理想。

シングルオリジンのドリップコーヒー480円。ダークチョコレートやドライフルーツのようなフレーバーを持ち、甘みが特長の豆。

ウェーブフィルター（カリタ）

ポット（カリタ）

5

湯が全て落ちきったら、ドリッパーをはずす。フィルターのウェーブ部分がコーヒーのアクをキャッチするため、ドリッパーは途中ではずさなくてもよい。

6

サーバーをかるくゆすってから、カップに注ぐ。

EK43（マルケニッヒ社）

初心者の方は、秒数、重量を
きっちり計測してください。
慣れてきたら、湯と粉の状態を観察しながら、
淹れてみましょう。

PASSAGE COFFEE
佐々木さんに教わる

ウェーブドリッパー
を使った
コーヒー

- 使用する豆　コスタリカ エル・セドラル ゲイシャ
- 焙煎　中浅煎り
- 使用豆量　注ぐ湯量200mlに対して13g

1

中粗挽きにした粉を、パウダーコントロールに入れて振り、微粉を取り除く。粉の粒度を揃えることで、よりクリアな味になる。

2

ドリッパーにペーパーをセットし、全体に湯を注ぐ（リンス）。グラインダーは『マルケニッヒ社』のEK43を使用。

3

ドリッパーをのせたサーバーをスケールにセットする。92度の湯を粉全体に40g注ぐ。そのまま30秒蒸らす。

4

再び湯を40g注いで20秒蒸らす。この作業でコーヒーの成分をしっかり取り出す。同じ工程をもう一度繰り返す。

通常のハンドドリップコーヒーは470円だが、期間限定で販売するこちらのゲイシャは790円。みかんのような爽やかで甘い風味が人気で、オーダーが相次いでいる。

ポット（ボナビータ）

5

粉の頭が見えてきたら、再び湯をゆっくり中心に向けて80ｇ注ぐ。ダメージを与えないよう、抽出速度と同じスピードで注ぐ。

6

最後まで湯を落としきる。抽出後の粉が平らになっているのは、全ての粉から旨みを取り出した、ということ。複雑な味わいになる。

7

カップに注ぐ。

パウダーコントロール（クルーヴ）

たっぷりの豆を使い、時間をかけずに
おいしいエキスだけを
抽出するイメージで淹れてください。

ARiSE COFFEE ENTANGLE
林さんに教わる

ドーナツドリッパーを使ったコーヒー

使用する豆　タイ
焙煎　ミディアム
使用豆量　注ぐ湯量250mlに対して23g

1

ペーパーをドリッパーに合わせて折り、セットする。まずペーパーの底辺を斜めに折る。その折り目を外側にしてドリッパーの形に合わせて折り目をつけ、そのまま開く。細挽きにした粉を入れる。

2

ペーパーを持って、粉の表面を平らに整える。サーバーは使わず、直接紙コップに一杯ずつ抽出する。『ディッティング社』のグラインダーを使用。

3

92度の湯を中心から円を描くようにして全体にまわしかける。

4

全体に行き渡ったら注湯を止めて蒸らす。蒸らし時間は焙煎日からの経過時間によって変える。経過時間が短ければ30秒ほど、長ければ50秒ほどが目安。

ドリップコーヒー（タイ）450円。ほんのりとした穀物感があり、後味は黒糖とキャラメルの風味。豆は100g950円。

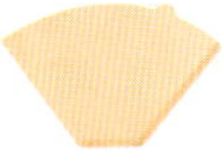

ペーパー

ポット（タカヒロ）

5

蒸らしが終わったら、注湯を再開する。

6

中心部から外側に広げるよう、「の」の字を描きながら注ぐ。

7

ドリッパーの縁から1〜1.5㎝くらいの水位を保つように注湯を繰り返す。

8

カップ一杯が抽出されたら、ドリッパーをはずす。注湯時間は約1分強が目安。

湯は数回に分けて、丁寧に注いでください。
きちんと蒸らすことで、
コーヒーのエキスがしっかり抽出されます。

27 COFFEE ROASTERS
葛西さんに教わる

ZERO JAPAN を使ったコーヒー

使用する豆 ホンデュラス エル・ラウレル
焙煎 浅煎り
使用豆量 抽出量240mlに対して16g

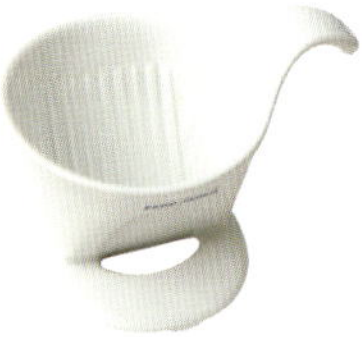

1

ドリッパーにペーパーをセットし、全体に湯を注ぐ(リンス)。

2

中細挽きにした粉をドリッパーに入れ、平らにする。グラインダーは『マルケニッヒ社』のEK43を使用。

3

95度の湯を50g注ぐ。

4

写真のようなサイズの木べらの場合、上から下までゆっくり5回ほどステアする。コーヒーひと粒ひと粒に、しっかり湯を通す。

ボトルとカップ、使用豆の情報カードを添えて、提供。「ホンデュラス　エル・ラウレル」は、2017年ホンデュラスCOEの優勝豆。1/4パウンド（113.5g）で6800円という高価な豆だが、店内では600円（120ml）で飲める。

ポット（バルミューダ）

5

真ん中から円をかくように、湯を50ｇゆっくり注ぐ。丁寧に、粉にのせるようなイメージで。

6

粉の頭から湯が１㎝ほどさがったら、次の50ｇを注ぐ。一度に量を注ぐと雑味が出るので、粉よりも湯の量が高くならないように注ぐ。この工程をあと2回繰り返す。

7

湯がほぼ落ちきったらドリッパーをはずす。最後まで落とし切ると雑味が出るので、気をつける。

8

ボトルに注ぎ、フタをする。

Café Sucré
楡井さんに教わる

ドットドリッパー を使った コーヒー

中心に丁寧に湯を注ぐことで
コーヒーの道筋ができ、
全部の豆からしっかりと味を抽出すること
ができます。

使用する豆	メイドインジャパン デカフェ（エチオピア アラカ農園）
焙煎	フルシティロースト
使用豆量	抽出量160mlに対して12g

1

ドリッパーにペーパーをセットし、湯を注ぐ（リンス）。

2

細挽きにした粉を入れ、平らにする。90度の湯20gを、中心に細く注ぐ。一投目は眠っているコーヒーを起こす役割があるので、丁寧に、ゆっくり注ぐこと。

3

そのまま20秒蒸らす。だんだん粉が膨らんでくる。

4

再び中心に湯を、60g注ぐ。

メイドインジャパンデカフェ、1000円。豆は100g5000円。国内で「超臨界二酸化炭素除去法」により、カフェインを取り除いたデカフェ。ストロベリーのような甘みと酸味、紅茶のようなさわやかさがある。

ドリップケトル（シュクレオリジナル）

5

膨らみが収まったらまた次を、というように、ゆっくり、リズムを保ちながら160gになるまで注ぐ。

6

最後まで落としきる。約2分程度で淹れるのが基本。品質のよいコーヒーなので、途中でドリッパーをはずさなくてもアクやえぐみなどは出ない。

7

サーバーを傾けながら、スプーンで全体を10回ほど攪拌する。濃度が均一になるほか、空気を入れることで酸味がおさまり、甘みが出る。

8

温めたカップに注ぐ。

抽出するコーヒーの量、コーヒー豆の量、
抽出時間。
この3つの数字を守れば、
おいしく淹れられます。

Mui
大沢さんに教わる

フレームドリッパーを使ったコーヒー

使用する豆 コロンビア　ディエゴ・ロペス
焙煎 やや深煎り
使用豆量 抽出量160mlに対して17g

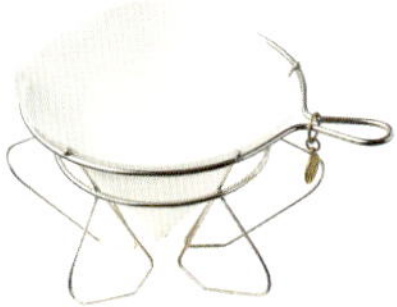

1

フィルターにペーパーをセットし、粉を入れて平らにする。ミルは、フジローヤルみるっこを使用。

2

95度くらいの湯を、粉の中心に五〇〇円玉くらいの大きさを目安に注ぐ。

3

全体に湯が染みこむと、粉がふっくら膨らむ。濃厚な抽出液が落ちてきたらふたたび湯を注ぐ。

4

粉から溢れないようにしながら、こまめに湯を注ぐ。

ホットコーヒー450円。おかわりは200円（1杯のみ）。

ポット

5

抽出量になったらサーバーをはずす。3～4分を目安に注ぎ終える。

みるっこ（フジローヤル）

6

そのままカップに注ぐ。

最初の点滴を大切にしてください。
ゆっくり湯をのせ、
コーヒーのエキスを充分に引き出します。

燕木
燕木さんに教わる

ネルフィルターを使ったコーヒー

使用する豆	ブレンド珀
焙煎	主に深煎り
使用豆量	抽出量120mlに対して20g

1
欠点豆がないか、確認する。

2
中挽きにした粉を、ネルドリップに入れる。カリタのクリーンカットミルを使用。

3
平らにならす。サーバーとカップに湯を注ぎ、温めておく。

4
90度の湯を粉の中央に、ゆっくり点滴する。

ブレンド珀700円。
芳醇な薫香、濃厚なコクと苦みの一杯。

ポット（ユキワ）
注ぎ口が細くなるよう調整している。

5

一分ほどして抽出液が出てきたら、注ぐ量を増やす。

6

湯の重力だけで抽出することをイメージする。湯を高いところから落とすと、コーヒーの層が荒れてしまうので、ポットの先をできるだけ近づけて注ぐ。

7

定量になったらドリッパーをはずす。カップの湯をすて、水分をふきとる。

8

サーバーを軽くゆらして全体を混ぜ、カップに注ぐ。

抽出したてはあっさりとしていますが、
抽出後に休ませることで風味がまとまり、
まろやかになります。

珈琲とカレーの店 CARNET
小川さんに教わる

ネルフィルターを使ったコーヒー

使用する豆 オールドビーンズ・ケアブレンド
（コロンビア・ブラジル・マンデリンが中心）

焙煎 深煎り

使用豆量 抽出量500mlに対して65g

1

豆は一番粗く挽き、バットに入れる。手でバットを叩き、チャフを飛ばす。再度ミルで中挽きにする。ミルはフジローヤルR－440を使用。

2

瓶に入れ、フタをして粉全体がよく混ざるように振る。

3

しっかりと水分をとったネルに入れ、表面を平らにする。中央を細い棒で少しくぼませる。

4

沸騰した湯をポットに移し、少し冷めたら中心から円を書くように湯を注ぐ。コーヒー全体にしっかり湯が行き渡ったら注ぐのをやめ、1分半から2分半ほど蒸らす。

ケア・ブレンド500円。おかわりは250円。「家で淹れるのはむずかしい抽出方法なので、そこが強みだと思っています」

イブリック

月兎印スリムポット
（野田琺瑯）

5

カラメルのような甘い香りがしてきたら、再び中心に湯を細く注ぐ。膨らんだ山を崩さないよう、低めの位置から静かに注ぐ。500㎖抽出されたらフィルターをはずす。ここまで6分前後が目安。

6

スプーンでコーヒー全体を勢いよくかき混ぜ、上に浮いてくる泡（油分）を取り除く。濃度が均一になり、空気に触れることで味が落ち着く。

7

ポットに移し、フタをして常温で30分から3時間休ませる。この間に全体がなじみ、まろやかになる。

8

1杯分ずつポットからイブリックに移し、60度～65度に加熱する。温めたカップに注ぐ。

SUNSHINE STATE ESPRESSO
正子さん（まーちゃん）に教わる

サイフォン
を使った
コーヒー

湯量と時間はしっかり計ってください。
時間をかけすぎるとえぐみが出るので、
気をつけてください。

使用する豆	トトロ　アース（コロンビア）
焙煎	中浅煎り
使用豆量	注ぐ湯量300mlに対して25g

1

フラスコに熱湯300㎖を注ぐ。水からだと時間がかかるので、熱湯がよい。

2

フラスコをビームヒーターの上に設置し、スイッチを入れる。ネルフィルターを取り付けたロートを斜めにさす。

3

フラスコの湯が沸騰したら（泡が連続してぶくぶく出てくる状態）、ロートを真っ直ぐにさし直す。

4

湯がロートに上がってきたら、粗挽きにした粉を一度に入れる。

現在はサイフォンコーヒーの提供をしていないが、同店主催のコーヒーセミナーでサイフォンの抽出を習うことができる。

ピッチャー

5

竹ヘラで全体を攪拌する。温度を弱め、そのまま30秒蒸らしてから、ビームヒーターをはずす。フラスコは熱くなっているので、気をつけること。

6

コーヒー液がフラスコに落ちはじめたら、再度ヘラで全体を素早く攪拌する。ガスを抜き、風味を均一にする効果がある。

7

コーヒー液が完全にフラスコに落ちきったら、ロートをはずす。

8

全体をゆらし、均一にしてからカップに注ぐ。

湯をザッと注ぐだけで
安定した味のコーヒーを淹れられるので、
朝の忙しい時などにおすすめ。
あっさりまろやかな味に仕上がります。

LIMENAS COFFEE
元明さんに教わる

クレバーコーヒードリッパー
を使った
コーヒー

使用する豆　インドネシア
焙煎　ミディアムロースト
使用豆量　抽出量200mlに対して20g

1

ドリッパーにペーパーをセットし、ふちまでかけるようにして湯を注ぐ（リンス）。

2

サーバーにのせるとドリッパーのバルブが開き、湯が下に落ちる。サーバーの湯は捨てる。

3

ドリッパーに中挽きにしたコーヒー粉をザッと入れる。表面を平らにする必要はない。アメリカ『バラッツァ社』のグラインダーを使用。

4

ドリッパーをスケールにのせ、重量はゼロにセットする。沸騰したての95℃前後の熱湯、240gを一気に注ぐ。

店内では1杯400円で提供。通常はカリタやコーノのドリッパーをメインにして淹れるが、好みのドリッパーを指定することも可。

ポット（ハリオ）

5

そのまま2～4分待つ。より風味を強めたい場合は、スプーンで全体を5～10回ほどかき混ぜる。

6

サーバーの上にのせると、バルブが開き、コーヒー液が落ち始める。全部落ちたら、ドリッパーをはずす。

7

抽出液はスプーンで全体を混ぜ、均一な状態にする。

8

温めておいたカップに注ぐ。直接水筒やカップに注ぐこともできるので、忙しい朝に便利。

UNLIMITED COFFEE BAR TOKYO
鈴木さんに教わる

シルバートン を使った コーヒー

湯の量と時間はきっちり計ってください。
また、冷めやすいので、カップを含め、
器具はしっかり湯煎しておきましょう。

使用する豆	コロンビア
焙煎	中煎り
使用豆量	注ぐ湯量215mlに対して15g

1

フィルターをセットして、全体に湯を注ぐ（リンス）。

2

コーヒーは中挽きにする。グラインダーは『マルケニッヒ社』のEK43を使用。

3

粉をペーパーに入れ、タイマーを4分にセットする。90度の湯215gを一気に注ぎ、粉全体を浸漬させる。

4

その間にサーバーを湯煎しておく。

フィルターコーヒー（シルバートン）600円。コロンビアは、さわやかな紅茶のような印象。

ピッチャー（ラトルウェア）

5

4分経ったら、上に浮いている粉を木べらで3回クルクルと攪拌する。

6

すぐにコックをひねり、落としきる。

7

完全に落ちきるまで、1分が目安。

8

サーバーをゆすり、全体を混ぜてから、湯煎したカップに注ぐ。

工程3では、粉と湯がふれあうように、スプーンでしっかり攪拌してください。風味が違います。

FRESCO COFFEE ROASTERS
澤地さんに教わる

コーヒープレスを使ったコーヒー

使用する豆	エチオピア　イルガチェフェ G-1　コチェレ
焙煎	シティロースト
使用豆量	抽出量200mlに対して18g

＊中が見えるよう、撮影ではカバーをはずして抽出しています。

1

粗挽きにしたコーヒーをガラスポットに入れる。細かく挽くと、プランジャーの網を抜けてしまうので、中挽き以上にする。

2

92～93度の湯を280g注ぐ。注ぎはじめると同時にタイマーをスタートさせる。『ディッティング社』のグラインダーを使用。

3

フタをせずにそのまま1分待つ。上部のガスがたまった層を、スプーンで攪拌する。

4

ガスの層が薄くなり、キメが細かくなったら攪拌をやめ、フタをのせる。

コーヒープレス420円（スペシャルロットはプラス50円）。アイスは470円になる。

月兎印スリムポット（野田琺瑯）

5

4分経ったらプランジャーをゆっくり下まで押す。

6

温めたサーバーに移し、全体の濃度を均一にする。

7

カップに注ぐ。

FINETIME COFFEE ROASTERS
近藤さんに教わる

エアロプレスを使ったコーヒー

エアロプレスは、良質な豆と
きちんとしたレシピさえあれば、
だれもがおいしいコーヒーを抽出できる器具。
トータル1分半でスピーディーに淹れられます。

使用する豆	エチオピア
焙煎	浅煎り
使用豆量	抽出量180mlに対して16g

1

粉は細挽きにする。グラインダーは『マルケニッヒ社』のEK43を使用。

2

ペーパーをセットして全体に湯を注ぎ、指でペーパーをなじませ、シワがない状態にする。

3

エアロプレスをサーバーにのせ、1を入れて平らにならす。

4

タイマーをスタートさせ、87℃の湯を60g注ぎ、パドルでゆっくり全体を6回かき混ぜる。

エチオピア450円。ドリップコーヒーはアイスも含めすべてエアロプレスで淹れる。フルーティーな味を凝縮して出せ、アフタースティストもよい。

ポット（カリタ）

5

20秒経過したら、再度湯を140g注ぎ、4と同様にパドルで6回かき混ぜる。

6

1分経過したら、プランジャーを手で押して圧力をかける。30秒かけゆっくり押すこと。

7

シューッという空気の漏れる音がしたらはずす。ギュッと最後まで押しきると、えぐみが出てしまうので注意。

8

温めておいたカップに注ぐ。

豆の状態をみて、
温度や抽出時間をきちんと調節することが
大切です。

三角屋根 パンとコーヒー
中澤さんに教わる

エスプレッソマシン を使った カフェラテ

使用する豆	ブレンド（ブラジル、グアテマラ、ブルンジ他）
焙煎	中煎り
使用豆量	抽出量35gに対して18g

SYNESSO MVP

1

極細挽きにした粉を、ホルダーに移す。『マッツァー社』のグラインダーを使用。

2

できるだけ中央に粉をよせ、手で表面を平らにする。

3

タンパーでしっかりと上から押さえる。タンパーを押さえる指の感覚で、水平になっているか判断する。

4

マシンにセットして、抽出する。4秒後に液体が落ち始め、20秒で落ち終わる。

カフェラテ480円。ダブルは530円、エクストラショットはプラス100円。

牛乳はほんのりした甘さのある、業務用のリッチミルクを使用。

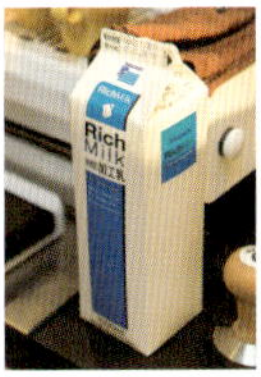

タンパー

5

ミルクピッチャーに牛乳を注ぎ、スチーマーで62度に温めてフォームをつくる。

6

ミルクピッチャーの底をトントンと落とし、大きな泡をつぶし、均等でなめらかな泡にする。

7

最初は高めの位置からミルクをエスプレッソに注ぎ、クレマの下に吸い込ませるようにする。

8

徐々にミルクピッチャーとカップを近づけ、ミルクピッチャーを振りながらレイヤーを描く。

AMAMERIA COFFEE ROASTER
石井さんに教わる

エスプレッソマシンを使ったカフェラテ

コーヒーは粉にした途端に酸化がはじまり、
ミルクフォームは時間が経つと
泡が不安定になるので、
できるだけスピーディーに仕上げましょう。

使用する豆 エルサルバドル・ヒマラヤ・ナチュラル
焙煎 中煎り
使用豆量 抽出量40gに対して19.5g

SYNESSO MVP

1

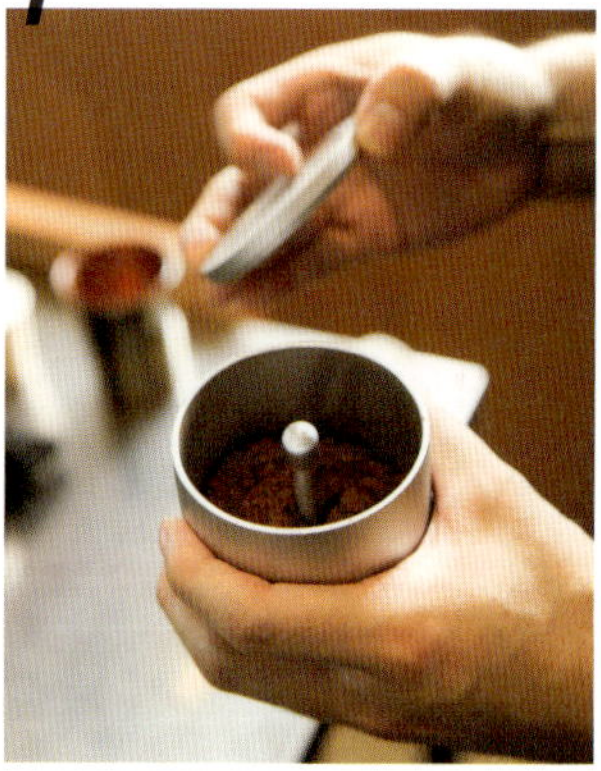

極細挽きにした粉を、セットしたブラインドシェーカーに入れる。フタをして上下に20回ほど振る。粗い粉が上に、細かい粉が下と分かれるため、粉同士の密度が高まる。

2

ブラインドシェーカーからホルダーに粉を移す。グラインダーは『マルケニッヒ社』のEK43を使用。

3

タンパーでしっかりと上から押さえる。均一に力がかかるよう、意識する。

4

マシンにセットして、抽出する。5、6秒で液体が落ち始め、20秒前後で落ち終わるのが理想。

カフェラテ420円。今回使用した豆は、温州ミカンやメロンを思わせるフルーティーな風味と、ミルクチョコレートのような甘いアフターテイストが特徴。

ブラインドシェーカー

5

なめらかなエスプレッソのでき上がり。きめの細かいクレマが美しい。

6

ミルクピッチャーに牛乳を注ぎ、スチーマーで63度に温めてフォームをつくる。最初に取りいれた空気をきちんと全体になじませないと、泡と液体に分離してしまうので注意。

7

大きな泡をつぶすようにミルクピッチャーの底を数回トントンと落とし、きめを整える。少し高めの位置からエスプレッソに注ぐ。

8

ミルクピッチャーを徐々にカップに近づけ、模様を描きながら注ぎ切る。お客に提供する時、牛乳の温度は60度になっている。

Dear All
峰村さんに教わる

エスプレッソマシン

を使った
カフェラテ

数字を計れるものは、
きちんと計量しましょう。
視覚と嗅覚を働かせ、
最後は味覚で判断してください。

使用する豆　シーズナルブレンド（ブラジルとエルサルバドル）
焙煎　中浅煎り
使用豆量　抽出量40gに対して20g

la marzocco

1

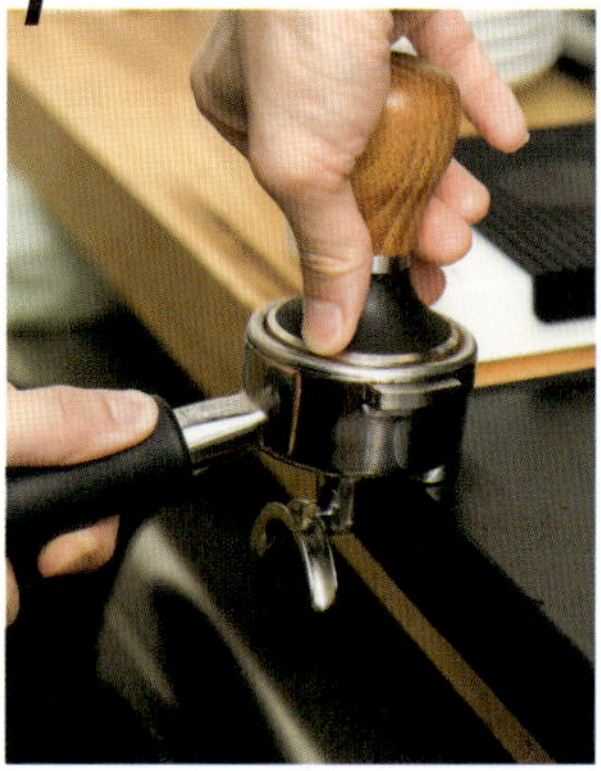

エスプレッソ用に細挽きにし、ポルタフィルターに入れ、真っ直ぐ上からタンパーを押す。力を入れすぎると、苦みやえぐみが出るので、腕のクッションを使い、適度な力で押すこと。

2

ポルタフィルターに粉が均一に入った状態。周りについた粉はきれいに取り払う。グラインダーは『シモネリ社』のミストワンを併用。

3

ホルダーをマシンにセットし、2杯分抽出する。9気圧、約25~30秒を目安に調整する。エスプレッソ用小型スケールを使い、1杯につき20gを抽出する。

4

ミルクは50~60度に温める。最初に細かく入れ、その後静かに攪拌し、キメを細かく整える。サラサラすぎず、ドロドロすぎない、適度な粘度に仕上げることがポイント。

カプチーノ550円。控えめな酸味で、エスプレッソとミルクのバランスがよい。コーヒーが苦手な人でもおいしく飲める一杯。

ピッチャー（ラトルウェア）

5

カップを45度傾け、ミルクを静かに細く注ぐ。カップとピッチャーを両方動かし、エスプレッソとミルクをきちんと絡める。

6

カップに3分の2量入ったら、ピッチャーを振りはじめる。急がず、ゆっくり軽く振る。

7

カップの縁までピッチャーが後進したら、中央に細い線を描いて切る。

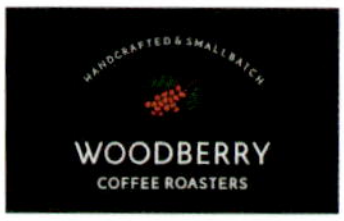

WOODBERRY COFFEE ROASTERS

東京都世田谷区玉川台2-22-17
用賀駅から徒歩3分
03-6447-9218
9:00—19:00
休 なし
woodberrycoffee.com

026

FINETIME COFFEE ROASTERS

東京都世田谷区経堂1-12-15
経堂駅から徒歩2分
03-5799-4130
12:00—19:00
休 月曜
finetimecoffee.com

030

Coffee Wrights

東京都世田谷区1-32-21
三軒茶屋駅から徒歩3分
03-6413-8686
9:00—18:00
休 火曜
coffee-wrights.jp

034

ARiSE COFFEE ENTANGLE

東京都江東区清澄3-1-3
清澄白河駅から徒歩5分
03-5875-8834
9:30—18:00
休 不定休
arisecoffee.jp

038

三角屋根 パンとコーヒー

神奈川県三浦郡葉山町堀内1047-3
逗子駅からバス15分
046-884-9113
12:00—17:00
休 月・木・金曜
sankaku-yane.net/home/

042

27 COFFEE ROASTERS

神奈川県藤沢市辻堂元町5-2-24
辻堂駅から徒歩15分
0466-34-3364
月～金曜10:00—18:00
土日祝9:00—18:00（CORNER27は10:00—17:00）
休 火曜、第3月曜
27coffee.jp

006

蕪木

東京都台東区鳥越1-15-7
蔵前駅から徒歩8分
03-5809-3918
13:00—20:00
休 水曜
kabukiyusuke.com

010

AMAMERIA COFFEE ROASTER

東京都目黒区碑文谷1-13-18
西小山駅から徒歩15分
03-6426-9148
11:00—19:00
休 木曜
amameria.com

014

PASSAGE COFFEE

東京都港区芝5-14-16
田町駅から徒歩5分
03-6809-3353
月～金曜7:30—19:00
土日祝9:00—19:00
休 不定休
passagecoffee.com

018

Café Sucré

東京都墨田区東向島2-31-20
曳舟駅から徒歩5分
03-3613-7551
10:00—19:00
休 火曜
https://cafe-sucre.com

022

066

珈琲とカレーの店 CARNET

埼玉県秩父市番場町18-7
西武秩父駅から徒歩5分
0494-26-6502
10:00—22:00
㊡木曜
carnet-chichibu.com

070

TERA COFFEE and ROASTER 大倉山店

神奈川県横浜市北区大倉山1丁目3-20
大倉山駅から徒歩30秒
045-541-6016
10:00—19:30
㊡月曜（祝日は営業、翌火曜休み）
teracoffee.jp

074

SUNSHINE STATE ESPRESSO

東京都墨田区本所1-34-7
蔵前駅から徒歩4分
03-6456-1806
8:00—18:00
㊡月曜
sunshinestateespresso.com

078

Mui

神奈川県川崎市中原区木月3-13-2
元住吉駅から徒歩6分
044-767-1368
10:00—19:00
土日祝9:00—19:00
㊡火曜・第1、3、5水曜
www.mui-motosumi.co.jp

店舗ページは、「CAFERES」2017年6月～2018年12月号に掲載された記事を再編集したものです。内容やメニュー、価格などはすべて取材当時のものになりますので、お店へお出かけの際は各店舗のホームページなどでご確認ください。

046

UNLIMITED COFFEE BAR TOKYO

東京都墨田区業平1-18-2 1F
とうきょうスカイツリー駅から徒歩1分
03-6658-8680
12:00—22:00
㊡月曜（祝日は営業）
www.unlimitedcoffeeroasters.com/bar

050

FRESCO COFFEE ROASTERS

東京都杉並区阿佐谷南3-31-1
阿佐ヶ谷駅から徒歩5分
03-5397-6267
月～金曜12:00—20:00
土日祝10:30—20:00
㊡水曜
www.caffe-fresco.net

054

PHILOCOFFEA Roastery & Laboratory

千葉県船橋市本町2-3-29
船橋駅から徒歩7分
047-460-9400
10:00—18:00
㊡不定休
https://philocoffea.com

058

LIMENAS COFFEE

埼玉県所沢市日吉町6-7
所沢駅から徒歩5分
11:00—19:00
㊡木曜
facebook: @limenascoffee
instagram: @limenascoffee

062

Dear All

東京都渋谷区笹塚1-59-5
笹塚駅から徒歩3分
火～金曜8:00—20:00
土曜9:00—20:00
日曜9:00—19:00
㊡月曜
www.dearalltokyo.com

自分らしいカフェをつくった15人のストーリー

わかなぱんカフェやitonowa、ねじまき雲、CAFE SOMMEILLERなど、息の長い人気カフェオーナーがお店を開くまでの道のりを取材。楽しいだけじゃない、苦しさも抱えてのカフェ経営を、リアルに紹介しています。

『個人ではじめる、小さなカフェ』

1,500円（本体）　A5判・144ページ
ISBN 9784751108314

カフェオーナーから学ぶインテリア造り

初心者でもできるDIYや、身近なものをカフェ雑貨にリメイクする方法、ちょこっとリノベーション、見せる収納＆隠すテクニックなど、店舗造りと部屋造りのアイデアが詰まった1冊です。

『心地よいカフェのインテリア』

1,800円（本体）　A4変形判・136ページ
ISBN 9784751109120

参考図書

・「コーヒー焙煎用語ブック」
・「ブリューコーヒーテクニック」
（ともに旭屋出版）

渡部和泉 著　個人カフェの本

夫婦・親子で開業した18のカフェの実例集

公私の線引きは？ ケンカをした時の解決策は？ 近い関係だからこそ気をつけるべきポイントが満載。個人カフェを開きたい人はもちろん、仕事やパートナーとの関係に悩む方にも役立つ1冊。

『家族ではじめる、小さなカフェ』
1,500円（本体）　A5判・136ページ
ISBN 9784751112991

開業費用内訳などが分かるカフェ開業の参考書

いつかカフェを開きたいと思っている人。夢に向かってがんばっている人。自分らしく生きたいと思っている人。15店の開業物語の中から、一歩を踏み出す勇気が得られるはずです。

『小さなカフェの開業物語』
1,500円（本体）　B5変形判・136ページ
ISBN 9784751110317

すべて10坪未満。小さくて強い店の造り方

無理せずはじめて、長く続ける。10坪未満の小さな個人店の開業実例と、スペースを効率的に使うアイデアをご紹介。オープンまでの基礎知識と人気カフェに教わるドリンクレシピ付き。

『私サイズの小さなカフェ』
1,500円（本体）　A5判・136ページ
ISBN 9784751111659

本書を含め、
快く取材にご対応くださった
各店舗のオーナーのみなさまに
心よりお礼を申し上げます。
掲載カフェはどこもとてもすてきですし、
もちろんおいしいコーヒーがいただけます。
ぜひ実際に足を運んでみてください。
（お出かけの際は各店舗のHPなどでご確認ください）

渡部和泉《わたなべ・いずみ》

カフェライター、菓子・料理家、国際中医薬膳師
コーヒーとカフェが大好きで、メキシコとペルーのコーヒー産地を訪れた経験もある。毎朝昼の一杯は必須。
現在、東京郊外で、月1回オープンする予約制カフェを夫とともに営む。

cafe mel カフェ ミイル
季節や身体の巡りを考えた薬膳プレートをメインに、自家製デザートや月替わりのハンドドリップコーヒーなどを揃える、小さなカフェ。
www.cafemel.com

撮影
・花田真知子（下記以外の全店）
・田中慶（Café Sucré）

デザイン
磯田真市朗

コーヒーショップをつくる

人気コーヒーショップの開業物語とバリスタ19人の抽出ノウハウ

2019年3月5日　初版発行

著　　者　渡部和泉（わたなべ・いずみ）
発 行 者　永瀬正人
制 作 者　早嶋 茂
発 行 所　株式会社 旭屋出版
〒107-0052 東京都港区赤坂1-7-19 キャピタル赤坂ビル8階
TEL:03-3560-9065（販売部）
TEL:03-3560-9062（広告部）
TEL:03-3560-9066（編集部）
FAX:03-3560-9071
http://www.asahiya-jp.com
郵便振替:00150-1-19572

＊ ㈱旭屋出版は2019年3月4日より
下記の住所に事務所を移転いたします。
〒160-0005
東京都新宿区愛住町23-2 ベルックス新宿ビルII 6F

印刷・製本　株式会社シナノパブリッシングプレス

ISBN 978-4-7511-1371-4 C2077